EPITETO
ESCRITOS DE OURO

EPITETO

ESCRITOS DE OURO

ENCONTRE MAIS
LIVROS COMO ESTE

Copyright desta tradução © IBC - Instituto Brasileiro De Cultura, 2024

Título original: The Golden Sayings of Epictetus
Reservados todos os direitos desta tradução e produção, pela lei 9.610 de 19.2.1998.

1ª Impressão 2024

Presidente: Paulo Roberto Houch
MTB 0083982/SP

Coordenação Editorial: Priscilla Sipans
Coordenação de Arte: Rubens Martim
Tradução: Ana Luiza Cortelasse (Dizeres de Ouro de Epiteto);
Leonan Mariano e Lilian Rozati (apresentação)
Revisão: Mirella Moreno

Vendas: Tel.: (11) 3393-7727 (comercial2@editoraonline.com.br)

Foi feito o depósito legal.
Impresso na China

	Dados Internacionais de Catalogação na Publicação (CIP) de acordo com ISBD	
C181e	Camelot Editora	
	Escritos de Ouro - Epicteto / Camelot Editora. – Barueri : Camelot Editora, 2023. 144 p. ; 15,1cm x 23cm.	
	ISBN: 978-65-6095-019-1	
	1. Filosofia. 2. Epicteto. I. Título.	
2023-3447		CDD 100 CDU 1
	Elaborado por Vagner Rodolfo da Silva - CRB-8/9410	

IBC — Instituto Brasileiro de Cultura LTDA
CNPJ 04.207.648/0001-94
Avenida Juruá, 762 — Alphaville Industrial
CEP. 06455-010 — Barueri/SP
www.editoraonline.com.br

SUMÁRIO

A VIDA DE EPITETO 7

ESCRITOS DE OURO 39

APÊNDICE A 137

APÊNDICE B 141

A VIDA DE EPITETO
DE GILLES BOILEAU[1]

APRESENTAÇÃO

A época do nascimento de Epiteto parece ter sido próxima do fim do reinado de Nero, e o lugar foi Hierápolis, uma cidade na Frígia. As outras circunstâncias relacionadas a isso são incertas, pois não temos mais informações sobre seu pai ou mãe, exceto que ambos, sem dúvida, eram de condição muito humilde. Aulo Gélio[2] e Suídas[3] nos contam que ele foi escravo de Epafrodito, um homem livre de Nero e capitão da guarda dele, e, resumidamente, um homem do qual a história não transmitiu nada valioso ou digno de nota, exceto por ser o mestre de um escravo tão renomado. Entre algumas outras ações desse homem, Arriano[4] menciona duas que, penso eu, não devem ser omitidas aqui, pois são exatamente

---

1 Gilles Boileau (1631 - 1669) foi um tradutor francês e membro da Academia Francesa, ele é irmão mais velho do poeta Nicolas Boileau-Despréaux. É conhecido por realizar uma tradução para o francês do quarto livro da Eneida. Seu escrito sobre Epiteto, publicado sobre o nome Vie d'Epictète et sa philosophe, foi traduzido diversas vezes ainda no século XVII. (N. do T.)

2 Aulo Gélio (123 d.C - 165 d.C) foi um jurista e escritor romano, autor da obra Noites Áticas, onde dissertou sobre diversos assuntos, entre eles escritores e obras gregas e latinas. (N. do T.)

3 Supõe-se que Suida tenha sido um lexicógrafo responsável pela autoria da mais importante enciclopédia grega. (N. do T.)

4 Lúcio Flávio Arriano Xenofonte (92 d.C - 175 d.C) foi um historiador grego e aluno de Epiteto, responsável por compilar as aulas de seu mestre para a posterioridade. (N. do T.)

EPITETO

condizentes com a índole dele, e parecem nos dar uma ideia muito expressiva de sua pessoa.

Este homem havia vendido um de seus escravos, um sapateiro chamado Felício, a um oficial de Nero, pois o considerava um incompetente em seu ofício. No entanto, quando Felício, após isso, veio fazer os sapatos do imperador, Epafrodito, ao saber dessa promoção, foi particularmente cortês e surpreendentemente respeitoso com ele; consultou-o em assuntos de negócios, elogiou suas habilidades e fez desse sujeito incompetente seu principal confidente e amigo íntimo.

Outra vez, um homem chegou até ele e, com grande fervor, lançou-se aos seus pés, queixando-se amargamente de sua má sorte e da grande aflição a que havia sido submetido; declarava que, agora, de toda a sua propriedade, mal lhe restavam cento e cinquenta mil coroas. A isso, Epafrodito não respondeu com zombaria, como qualquer outro faria diante de uma reclamação tão extravagante, mas com grande seriedade e aparente preocupação, expressou sua surpresa pela paciência daquele homem em esperar tanto para expor sua situação.

Foi sob a autoridade desse mestre presunçoso que Epiteto passou os primeiros anos de sua vida. Não se sabe ao certo em que momento ou como ele obteve sua liberdade; apenas sabemos que, durante o reinado de Domiciano, havia um édito público ordenando a saída de todos os filósofos de Roma e da Itália. Epiteto foi obrigado, juntamente a outros, a se retirar para Nicópolis, uma cidade da região de Épiro, hoje chamada pelos modernos de Preveza[5]. Esse é um claro indício de que ele

---

5   Na verdade, Preveza é uma cidade que fica ao sul das ruínas da antiga cidade de Nicópolis. Contudo, Nicópolis entrou em decadência na Idade Média, período em que esta apresentação foi elaborada, e foi suplantada pela cidade de Preveza. (N. do T.)

APRESENTAÇÃO

havia obtido sua liberdade na época, já que foi forçado, como filósofo, a deixar Roma. E, de fato, não é plausível imaginar que alguém de seu mérito, amado e respeitado pelos imperadores de sua época, permanecesse em escravidão.

É geralmente acreditado que, após seu exílio, Epiteto nunca mais retornou a Roma, estabelecendo residência constante em Nicópolis. Arriano afirma em diversos lugares que os *Discursos* que ele compilou foram proferidos por Epiteto em Nicópolis. No entanto, questiono a veracidade dessa conjectura, apesar da autoridade de Salmasius[6]. Espartiano[7] escreve, entre outras coisas, que o Imperador Adriano[8] era muito íntimo e tinha um respeito em particular por Epiteto. Como isso seria possível, não consigo imaginar, se Epiteto continuasse residindo em Nicópolis. Mas se Epiteto viveu ou não naquela cidade não é de grande importância para sua vida.

Também não se sabe se foi casado em algum momento; mas, assim como não tenho autoridade para afirmar tal fato, também não posso negá-lo. Arriano observa, em diversas passagens, que Epiteto repreendeu os epicuristas por falarem contra o casamento. No entanto, que ele não fosse casado parece dedutível, pois embora não considerasse o casamento incompatível com a virtude, ele o via como um grande obstáculo para alcançar a perfeição. Mas se ele era casado ou não, é muito provável que não tenha tido filhos, ou pelo menos não filhas. Além

---

6   Claudius Salmasius, ou Claude Saumaise (1588 - 1653), foi um acadêmico clássico francês. (N. do T.)
7   Élio Espartiano foi um historiador romano, sendo um dos autores da obra *História Augusta*, que contém a vida sobre imperadores, seus pupilos, herdeiros e usurpadores dos anos de 117 a 284. (N. do T.)
8   Públio Élio Adriano (76 d.C - 138 d.C) foi soberano do Império Romano, conhecido como um dos "cinco bons imperadores".

EPITETO

do fato de não haver menção a isso em nenhum autor, Luciano[9] relata que, em certa ocasião, Epiteto persuadiu Demonax[10] a se casar, e este respondeu zombeteiramente: "Bem, estou disposto a fazê-lo, desde que você me dê uma de suas filhas".

Além disso, Espartiano afirma que Adriano demonstrava grande generosidade e respeito em relação a poetas, oradores, filósofos, matemáticos e todos os professores de ciências. Porém, embora Espartiano relate muitas coisas sobre esse imperador — a respeito do qual se diz que nunca houve alguém que se divertisse tanto em menosprezar e zombar dessas mesmas pessoas quanto ele —, é certo que Epiteto sempre foi muito pobre. Nem o referido imperador, nem seus sucessores, que o admiravam tanto, o enriqueceram muito, se é que o enriqueceram. Possivelmente isso se devia ao grande desprezo que Epiteto tinha pela riqueza. Pois é certo que ele vivia em Roma em uma pequena casa que nem sequer tinha uma porta. Tudo o que possuía era uma senhora de idade como criada e uma lamparina de barro, pela luz da qual ele produzia reflexões nobres e divinas, das quais temos até hoje vestígios nos livros de Arriano. E por todas essas circunstâncias podemos julgar o quão pobre ele era.

Venho agora dar conta de suas opiniões e de suas virtudes, entre as quais a modéstia parece ter sido sua virtude predileta e mais familiar. Esta característica era mais notável em sua própria prática, bem como quando recomendava-a aos outros. Foi a partir disso que veio sua afirmação:

---

9 Luciano de Samósata (125 d.C - 180 d.C) foi um romancista natural de Samósata, responsável pela biografia do filósofo Demonax. (N. do T.)
10 Demonax (70 d.C - 170 d.C) foi um filósofo cínico grego, mentor de de Luciano de Samósata. (N. do T.)

APRESENTAÇÃO

"Não há necessidade de adornar casas com tapeçarias e quadros; mas elas devem ser mobiliadas com Modéstia e Temperança; pois esses são os ornamentos que duram para sempre, que nunca envelhecem ou saem de moda."

Epiteto havia renunciado tanto à ambição e à ostentação que, se algum filósofo alguma vez fez da humildade o princípio constante de todas as suas aflições, certamente foi esse homem. Pois, embora não houvesse ninguém em sua época que realizasse tantas boas ações quanto ele, também não havia ninguém que fizesse tanto questão de ocultá-las e fazer crer que não as havia realizado. Daí vem o fato de que, entre as instruções que ele dava a seus discípulos, estas eram as mais importantes:

"Se você é tão feliz ao ponto de aprender a satisfazer seu corpo com pouco, não faça alarde disso. Se você se acostumou a beber apenas água, evite se gabar disso. Se você deseja empreender algum exercício doloroso, faça-o em privacidade. Faça o que fizer, não faça nada com o intuito de ser observado ou admirado pelas pessoas. Todas essas afetações são vãs e inadequadas a um filósofo."

Outro exemplo de como ele estava livre da vaidade é este: embora não houvesse pessoa de sua época que estivesse mais qualificada para se tornar um autor do que ele; no entanto, Epiteto era tão insensível a qualquer excelência nesse sentido, tão perfeitamente intocado pela inclinação predominante geralmente nas mentes mais exaltadas, que não deixava nada de sua própria composição para trás. Pois, se seu discípulo Arriano não tivesse registrado por escrito o que ouviu dele, Epiteto possivelmente teria sido um nome desconhecido no mundo.

Ele também tinha a opinião de que um verdadeiro filósofo tinha o dever de distinguir-se, não tanto pelo que falava, mas pelo que fazia. E isso deu-lhe a oportunidade de dizer que a maior parte deles, que professaram esta ciência, eram apenas filósofos de palavra, mas não de fato. Certa vez, quando se encontrou com uma pessoa que estava descontente com outros que se compadeciam dele, Epiteto disse lhe disse:

"Amigo, você está muito errado em ficar tão zangado. Pois, justamente por estar ofendido com as pessoas que lamentam sua situação, você merece compaixão."

Em outra ocasião, ao observar um homem envolvido em um comportamento infame e desconsiderado em relação à honra e à reputação, quando o assunto virou estudo e filosofia, ele exclamou: "Ó homem extravagante! O que pretende fazer? Já verificou se seu recipiente está puro e limpo antes de derramar qualquer coisa nele? Caso contrário, tudo o que colocares nele será corrompido e transformado em urina ou vinagre, ou algo pior."

Aulo Gélio, que relata essa passagem, considera que não poderia haver nada mais prudente ou verdadeiro, insinuando que quando a filosofia e as outras ciências entram numa alma sórdida, manchada pelo vício, estão como que num recipiente sujo e impuro, onde são contaminadas e geram apenas corrupção.

Epiteto tinha uma qualidade que eu valorizo mais, especialmente por ser rara, mesmo entre os filósofos. Ele era um amante extraordinário da limpeza e, às vezes, dizia que preferia ver um de seus discípulos com o cabelo bem penteado e arrumado do que embaraçado e sujo. Apesar de gostar tanto da limpeza, isso não era muito perceptível em sua própria pessoa. Ele tinha problemas de saúde e era manco devido a um infortúnio que acometeu a sua perna. Ele admite isso de

APRESENTAÇÃO

forma sincera em um epigrama que fez sobre si mesmo, que
poderia ser traduzido assim:

Nascido com o corpo debilitado, e um escravo;
Bondade, da Fortuna, nunca pude encontrar;
Mas esta vantagem dos Deuses eu tenho,
Seus tesouros inesgotáveis preenchem minha mente.

Planudes[11], em sua coleção de epigramas gregos, erronea-
mente atribui isso a Leonidas, como Vincentius Obsopaeus[12]
observou bem. E depois dele, Salmasius também alega que este
epigrama não pertence a Epiteto e que foi adicionado ao texto
de A. Gélio por alguém pouco instruído. O único argumento
apresentado para essa opinião é que este epigrama não é encontrado em nenhum manuscrito antigo de Aulo Gélio: estou
inclinado a acreditar que pode ser assim. Mas se esta conjectura for verdadeira, deve-se também admitir que a mesma pessoa
pouco instruída adicionou isso a Macróbio[13], que o cita como
sendo de Epiteto, no primeiro livro de sua coleção *Saturnais*,
e inclui as mesmas palavras de Aulo Gélio. Mas, na verdade, a
razão que argumenta contra este epigrama ser de Epiteto é que
não é facilmente presumível que um filósofo, tão notável por
sua modéstia e humildade, como ele era, falasse tão vantajosa-
mente sobre o próprio valor.

Seja como for, é muito certo que a Fortuna não teve o mínimo de bondade para com Epiteto; ainda assim, suas perse-
guições nunca o obrigaram a buscar o favor de pessoas pode-

---

11   Máximo Planudes (1260 - 1330) foi um intelectual bizantino que traduziu e
compilou várias obras gregas, tornando-se um notável conhecedor do latim. (N. do T.)
12   Vincent Obsopoeous (? - 1539) foi um poeta, humanista e tradutor alemão.
(N. do T.)
13   Ambrósio Teodósio Macróbio (370 - 430) foi um escritor, filósofo e filólogo
romano. (N. do T.)

EPITETO

rosas. "Eles estão muito errados", dizia ele, "ao se orgulharem da ideia de que tantos os cortejam com respeito e serviços. Imaginam eles que todas essas deferências são feitas por causa deles próprios? Cada um, em relação a isso, cuida de seus próprios interesses, que, uma vez retirados, logo são desprezados. Eles são tratados justamente como burros: se são esfregados ou acariciados, é para se obter algum serviço deles. Dessa forma, reverenciamos esses homens, como os romanos reverenciam a Febre. Se altares são erguidos para ela, é por medo do mal que ela pode causar. Mas qual é o grande mal", continuava ele, "do qual devemos temer por suas mãos? O pior que podem fazer é nos enviar para outro mundo. Que importa? Não devemos sempre esperar a morte? Não são todas as formas de morte iguais? E aquela pela qual um tirano nos envia é, muitas vezes, a mais curta e fácil? Em suma, nenhum tirano foi tão cruel a ponto de torturar um homem por mais de seis meses até a morte, enquanto uma febre às vezes demora mais de um ano até matar alguém".

Quando ele encontrava alguém dessas pessoas que se consideram superiores aos outros por estarem em favor do Príncipe, ou por poderem traçar sua linhagem de uma longa série de ancestrais, ele os tratava de maneira muito agradável. "Você imagina", dizia ele a eles, "porque seu avô foi Cônsul, seu pai Senador, e você é o Favorito de César, que você tem mais liberdade e é de melhor qualidade do que os outros. Saiba que você é mais um escravo do que o mais humilde escravo entre o povo comum, e que a condição desse é melhor que a sua. Pois se ele é maltratado às vezes por um mestre imperioso, você é continuamente dominado e atormentado pela ambição ou por alguma outra paixão. A única vantagem que você tem sobre ele é que ele é apenas um escravo com roupas simples, enquanto você é um escravo com uma túnica escarlate. Além disso, se

APRESENTAÇÃO

ele não faz o dever dele, ele deve esperar o chicote ou algum castigo semelhante; enquanto se você não fizer o seu, é tratado de maneira um pouco mais honrosa, pois sua cabeça é cortada, como convém a um Favorito de César."

Assim eram tratadas as pessoas de qualidade por Epiteto: de tal forma que sua extrema pobreza e a humildade de sua origem não o impediam de zombar da riqueza deles e das grandezas imaginárias. Sua virtude o havia elevado acima de todas essas coisas. E embora a Fortuna sempre despejasse sua malícia sobre ele, jamais se queixava, mas passava sua vida em contentamento perpétuo.

Porém, se ele pudesse justamente reclamar da parcimônia da Fortuna para com ele em relação às acomodações corpóreas, ele, por outro lado, reconhecia a profusão do Céu para com ele, no que diz respeito às vantagens de sua mente. Parecia que a primeira não havia se declarado sua inimiga, mas que seu triunfo sobre ela poderia ser ainda mais glorioso. Na verdade, eu me atrevo a afirmar que a escravidão e a fraqueza de seu corpo eram o séquito necessário de sua virtude, para que pudesse aparecer com maior brilho para a posteridade. Pois, sem lisonja, nunca ninguém elevou a constância a uma altura tão nobre.

Enquanto ainda era escravo de Epafrodito, aquele bruto de humor, em determinado momento, achou divertido torcer a perna de Epiteto. Percebendo que ele sentia certo prazer em fazer isso e que renovava o exercício com mais força, Epiteto, sorrindo e sem parecer de maneira alguma afetado, disse a ele: "Se você continuar com esse jogo, certamente quebrará minha perna." Consequentemente, isso aconteceu, como ele havia previsto; tudo o que ele disse foi: "Bem, eu não te disse que você quebraria minha perna? Houve alguma constância igual a essa?

EPITETO

Não foi, por assim dizer, um desafio à extravagância da Fortuna e à fraqueza de nossa Natureza?"

Celso, arrebatado por um entusiasmo filosófico, eleva essa paciência de Epiteto acima de tudo o que poderia reivindicar esse nome, chegando ao ponto de cometer uma abominável heresia, ao exaltar a paciência de Epiteto acima da do nosso Salvador Jesus Cristo. Se a malícia do tempo não nos tivesse privado do livro escrito por Arriano sobre sua vida e morte, estou confiante de que teríamos encontrado muitos outros grandes exemplos de sua paciência. E não se pode duvidar de que um homem que permitiu que sua perna fosse quebrada havia demonstrado sua constância anteriormente em várias outras ocasiões. E, de fato, essa virtude o acompanhava de tal maneira que nem mesmo nas ações mais consideráveis de sua vida ele a abandonou. Daí vem o que ele disse: "Se seu óleo for derramado ou seu vinho roubado da sua adega, você deve fazer esta reflexão: é através de tais infortúnios que a constância é adquirida." Mas se ele mantinha esses princípios com grande seriedade, ele os observava com igual rigor.

Um dia, esse filósofo havia comprado uma lamparina de ferro, que ele considerava um utensílio doméstico muito precioso. Enquanto estava imerso em profunda meditação no canto da lareira, um ladrão entrou em seu quarto e roubou sua lâmpada sem que ele o percebesse. Assim, algum tempo depois, Epiteto, olhando ao redor e percebendo a falta de sua lâmpada, sorriu e, sem se perturbar, disse: "Enganarei este ladrão amanhã, pois se ele vier em busca de outra lâmpada, será apenas uma de barro."

Verdade seja dita, não podemos afirmar que essa ação tenha sido de igual bravura como a anterior; no entanto, em minha opinião, é igualmente notável. Não há nada em que o gênio das

APRESENTAÇÃO

pessoas seja tão perceptível quanto em suas coisas triviais, visto que a alma mostra-se ali despojada de todos os disfarces de paixões. Enquanto em questões importantes, ela está de certa forma sempre disfarçada; interesse ou ambição fazem com que ela aja frequentemente contrária à inclinação natural.

Mas, voltando ao nosso filósofo, pode-se dizer verdadeiramente que nunca homem algum soube como sofrer melhor do que ele. Era uma ciência que ele havia aprendido desde a mais tenra idade e na qual se aprimorou até o último momento de sua vida. Ele não precisava de companheiros em suas desventuras para encontrar consolo no sofrimento compartilhado. Ele nunca buscou isso além de si mesmo; e se sua mente sentia algum pesar, era apenas pela aflição dos outros. Ele considerava ser a maior marca da malignidade de uma natureza corrompida imaginar o mal como menos penoso quando várias outras pessoas participam dele conosco, como se nossos sofrimentos fossem aumentados ou diminuídos proporcionalmente ao aumento ou diminuição dos deles.

De acordo com esse princípio, ele afirmava que aquelas pessoas que reclamavam que apenas elas eram tratadas injustamente eram ridículas. "Como seria se você fosse sentenciado a ter a cabeça cortada? Gostaria que todos os outros fossem condenados ao mesmo castigo? Você não consegue encontrar consolo além da destruição da humanidade?" Daí vem o fato de que Epiteto tão altamente celebrou a constância e grande coragem de Lateranus[14]. Quando Nero o condenou a ter a cabeça cortada e a execução apenas o feriu levemente no primeiro golpe, Lateranus teve a coragem de

---

14 Plautius Lateranus (? - 65) foi um senador romano executado a mando de Nero. (N. do T.)

EPITETO

levantar a cabeça e esticar o pescoço pela segunda vez. E um pouco antes de sua morte, quando Epafrodito fez algumas perguntas sobre a conspiração da qual ele estava sendo acusado, ele respondeu com firmeza: "Se tivesse mais alguma coisa a dizer, diria ao teu mestre, e não a ti".

Assim como Epiteto foi o mais resoluto e constante de todos os homens, seus julgamentos sobre resolução e constância eram melhores e mais sólidos do que os de qualquer outro. Embora ele estivesse intimamente familiarizado com essas duas virtudes, sendo suas primeiras e mais antigas inclinações, ele não suportaria qualquer defeito que as tornasse insuportáveis. Assim como não queria que um homem fosse sem coração e covarde, também não queria que ele fosse temerário. Se um homem pudesse passar por uma planície ou por um caminho fácil, ele não o aconselharia a seguir por lugares íngremes e difíceis. Ele não tinha a disposição daquele filósofo que preferiria ter um carro passando por cima dele a desviar seu caminho para evitá-lo. Epiteto agia de maneira diferente; quando Epafrodito se divertiu quebrando sua perna, ele generosamente suportou isso, mas se Epafrodito tivesse tido a boa vontade de evitar essa diversão, teria sido muito grato a ele. Para ele, era tão vão e vergonhoso um homem se colocar em perigo quando não havia necessidade quanto era honroso e virtuoso abraçar o perigo quando o dever o obrigava a fazê-lo.

Mas quando a Razão exigia que um homem se expusesse ao perigo, então ele preferiria que esse homem não hesitasse, mas encarasse todas as inconveniências e dificuldades como testes de nossa virtude e oportunidades que contribuem para a nossa glória. "Se Hércules não tivesse enfrentado o Leão, a Hidra, o Javali selvagem e todos aqueles Monstros dos quais ele libertou

APRESENTAÇÃO

a Terra, ele teria sido o Hércules?", perguntava ele. "Como se pode imaginar que ele chegaria à altura que alcançou se sua virtude não tivesse encontrado o trabalho? Que proveito poderíamos tirar de toda a sua força, toda a sua paciência e todo o seu valor se ele não tivesse abraçado as oportunidades de fazer descobertas sobre isso? Não que se deva afirmar daqui que ele desejaria ver províncias inteiras infestadas de Leões e Hidras para poder assim destacar sua coragem, mas ele apenas afirmava que o encontro casual com esses monstros havia feito uma revelação afortunada sobre o tipo de pessoa que Hércules era."

Epiteto disse, ainda, que Helvídio havia sido admiravelmente convencido dessa verdade, que ele havia estudado perfeitamente essas máximas e que ninguém nunca foi tão inabalável em suas virtudes do que ele. Quando ele achava que era seu dever e se sentia obrigado em consciência a fazer algo, mesmo que o imperador, o senado e o povo se unissem e contribuíssem com seus esforços conjuntos para obstruir o que ele estava determinado a fazer, toda essa combinação de imperador, senado e povo não era capaz de tentá-lo ao menor ato de baixeza. Um dia, Vespasiano[15] desejava muito passar algo no Senado. Ele, sabendo da possibilidade de Helvídio se opor, enviou uma mensagem dizendo que não iria até o Senado naquele dia. Helvídio respondeu que estava sob poder do Imperador privá-lo de sua senadoria, e contanto que permanecesse sendo membro desse órgão, não poderia deixar de comparecer às discussões de seu posto. "Bem", Vespasiano disse, "fico feliz que estará lá, contanto que não fale sobre as discussões que discorrerão lá hoje". "Eu ficarei em silêncio", disse Helvídio, "contanto que minha voz e

---

15 Tito Flávio Vespasiano (17 de novembro de 9 d.C. - 23 de junho de 79 d.C.) foi o primeiro Imperador romano da dinastia flaviana, governando de 69 d.C. até sua morte. (N. do T.)

EPITETO

opinião não sejam solicitadas". "Não, mas se estiver lá, deve ser aconselhado", disse Vespasiano. "E se eu for", respondeu Helvídio, "devo aconselhar livremente, e de acordo com o que acho mais razoável e justo". "Faça isso por sua conta e risco", respondeu Vespasiano, "pois certamente, se estiver contra o que vou propor, vai pagar com a cabeça". "Senhor", respondeu Helvídio, "já te disse que sou imortal? Você faz sua parte, e eu devo focar em fazer a minha. Pode ser sua função me sentenciar à morte, e é a minha morrer com coragem e alegremente. Se você se alegra em ordená-la, e faço questão de aceitá-la".

Ele também era um grande admirador da constância exercida por Agripino[16]; pois um dia, tendo ouvido sobre uma acusação contra si no Senado, simplesmente respondeu: "Muito bem, mas que horas são?", e quando ouviu que eram quase cinco, respondeu: "Certo, vamos aos banhos, é hora de ir". Ao retornar, encontrou um homem, que lhe trouxe notícias sobre o caso que foi solicitado contra ele. "Então", disse Epiteto, "a que me sentenciaram? À morte?". "Não", respondeu o homem, "apenas ao exílio". Com isso, Agripino disse, sem preocupação alguma: "Vamos então, estaremos jantando em Arícia[17]".

Epiteto tinha um carinho especial por Pirro[18], o Cético, por este motivo: ele não fazia distinção entre a Vida e a Morte. Ele valorizava acima de tudo a resposta que Pirro deu a uma pessoa que tentava fazer uma piada com ele. Quando aquele homem lhe disse: "Por que, então, não morres, Pirro, já que tanto te

---

16 Paconio Agripino foi um filósofo estoico do qual Epiteto se refere com louvor. (N. do T.)

17 Comuna italiana na província romana de Lácio. (N. do T.)

18 Pirro de Élis (360 - 270 a.C.) foi um filósofo grego, considerado o pai do ceticismo. (N. do T.)

APRESENTAÇÃO

é indiferente viver quanto morrer?" Pirro respondeu: "Exatamente por essa razão."

Em suma, Epiteto queria que toda a Filosofia consistisse em Constância e Continência. Portanto, ele sempre tinha estas palavras em sua boca, "ἄνεχε καὶ ἀπέχε" (*Aneche kai apeche*), que pode ser traduzido como "Suporta e Abstém-te", mas a graça e energia da expressão são muito maiores no grego do que em relação às línguas modernas. Com frequência ele expressava sua admiração com o procedimento de Licurgo[19] para com um lacedemônio que havia arrancado um dos olhos. Pois, o povo entregou a pessoa para ser punida; Licurgo, em vez de se vingar, instruiu-o na virtude. Quando ele fez um progresso considerável, Licurgo ordenou que ele fosse trazido ao teatro, causando grande espanto ao povo, que pensava que ele já estava morto há muito tempo. E ele disse a eles: "Este homem, que vocês me entregaram como uma pessoa má e pérfida, agora eu devolvo a vocês virtuoso e justo."

Quanto mais olhamos para Epiteto como um avaliador imparcial das ações humanas, mais glorioso é para a memória dessas grandes pessoas terem tido um aprovador como ele. Ao longo de toda a sua vida, ele professou a filosofia estoica, a mais severa e austera de toda a Antiguidade. Não houve ninguém que soubesse melhor como colocar em prática os princípios e preceitos dessa seita. Embora ele possa ser contado entre os últimos que se dedicaram a isso, ele foi um dos maiores ornamentos dela. Em seus discursos e ações, ele imitava Sócrates, Zenão e Diógenes. Quando ele empreendia alguma obra, primeiro considerava o que eles teriam feito em circunstâncias semelhantes. Quando repreendia ou instruía alguém, sempre o

---

19 Licurgo de Esparta (? - 730 a.C) foi um legislador espartano. (N. do T.)

envolvia com algum exemplo desses filósofos. Em suma, ele os considerava como pessoas infinitamente transcendendo todas as outras.

Mas, acima de tudo, ele tinha um respeito especial por Sócrates e havia moldado seu estilo com base no dele. Em seus discursos, ele usava comparações tão familiares e pertinentes que, imperceptivelmente, conquistava todos com sua opinião. Ele era tão persuasivo que forçava até mesmo aqueles que discordavam dele a testemunharem a verdade que ele falava. Ele não era tocado por expressões refinadas ou elegantes, mas se o discurso fosse compreensível e cheio de bom senso, seguindo o exemplo do discurso de Sócrates, ele ficava satisfeito. Em suma, ele tinha proposto Sócrates a si mesmo como o modelo e a regra de todas as suas ações.

Embora ele tivesse grande estima por Pirro, tinha um estranho desprezo pelos pirrônicos a ponto de não suportá-los. Certa vez, um pirrônico, fazendo um grande esforço para provar que os sentidos sempre enganavam os homens, disse-lhe: "Quem, de sua seita, pretendendo ir para os banhos, se perdeu no caminho e foi para o moinho?". Era também uma expressão comum dele: "Se eu fosse servo de alguns desses pirrônicos, teria prazer em atormentá-los. Quando eles me dissessem, Epiteto, derrame um pouco de óleo no banho, eu jogaria um pouco de sal em suas cabeças. Quando pedissem mingau, eu lhes traria vinagre. E se reclamassem desse tratamento, eu lhes diria que seus sentidos estavam enganados, e persuadiria que vinagre e mingau eram a mesma coisa, ou os faria renunciar às suas próprias opiniões".

Ele se declarou um inimigo perpétuo da Opinião e da Fortuna, embora outros pensassem que são elas que governam o

APRESENTAÇÃO

mundo. "A maior parte", disse ele, "daquelas coisas que admiramos são apenas desejos puramente fantasiosos. Por exemplo, a Ilíada, tão falada, não é um puro desejo? Um desejo passou pela cabeça de Páris para levar Helena; ela tinha desejo de segui-lo, e Menelau precisava necessariamente estar com desejo de ficar com raiva disso. E falando propriamente, este é o principal propósito da Ilíada. Mas se Menelau tivesse se comportado como um homem prudente e imaginasse que era um ganhador considerável com a perda de uma esposa como essa, o que teria acontecido com a Ilíada? Não deixaria de existir, e a Odisseia não teria sido claramente perdida?".

Quanto à Fortuna, Epiteto a comparava a uma dama honrada que se prostitui para criados e homens mais humildes. Ele afirmava que a vida que dependia da Fortuna era como um rio após uma chuva violenta: turva, suja, difícil de atravessar, impetuosa e de curta duração. Ao contrário, ele sustentava que uma mente dedicada à virtude era como uma fonte inesgotável e perene, cujas águas eram claras, doces e agradáveis para beber, em resumo, sem qualquer tipo de corrupção.

Da mesma forma, sua maior preocupação era elevar-se cada vez mais em direção à perfeição no estudo da virtude. Ele havia renunciado a todos os outros prazeres para que pudesse dedicar-se mais atentamente aos prazeres da mente. Quando estava em algum grande banquete, não se importava tanto com a satisfação de seu corpo, mas sim com a satisfação de sua mente. Para ele, o que era concedido ao corpo perecia e nunca mais era recuperado; enquanto o que era concedido à mente continuava e nunca se perdia. Por essa razão, ele preferia a tranquilidade e a paz da alma a todas as outras coisas imagináveis. Ele mantinha como máxima que, assim como alguém teria aversão a se

EPITETO

perder em um navio, mesmo que fosse belo e carregado de tesouros e riquezas, por mais rica e suntuosa que fosse uma casa, uma pessoa nunca deveria ser tão cuidadosa em preservá-la a ponto de ser esmagada pelo fardo de preocupações excessivas e inquietações.

Esta também era outra expressão dele. Se a Pérsia tivesse sido o lugar do seu nascimento, é certo que você não teria inclinação para viver na Grécia; você desejaria apenas viver feliz em seu próprio país. Portanto, quando um homem nasce na pobreza, qual é o propósito de ter a ambição de ser rico? Por que ele não se molda mais a um contentamento nessa condição e se esforça para viver feliz nela? Assim como é melhor para um homem nunca deitar-se em outra coisa senão em uma cama estreita, e ter saúde, do que ser alojado suntuosamente e estar doente, assim deve ser o desejo de um homem preservar uma tranquilidade e serenidade de espírito inabaláveis em uma condição mediana, em vez de ser atormentado por tristeza e vexação em meio a uma maior liberalidade de fortuna. Não devemos imaginar que nossa infelicidade advém da pobreza, mas da ambição. E não somos livres do medo pela riqueza, mas apenas pela razão. Daí vem que aquele que provê Razão está contente consigo mesmo e não atribui suas queixas à pobreza. Estas eram as reflexões de Epiteto sobre aquelas coisas pelas quais os homens dão tanto valor.

Ele não podia suportar aquelas pessoas que buscavam pretextos para esconder ou justificar seus fracassos. Ele dizia que elas imitavam as cortesãs romanas, que, para cobrir sua vergonha e justificar sua devassidão, tiravam proveito dos livros de Platão sobre a República; na medida em que aquele filósofo gostaria que as mulheres fossem comuns: sem adulterar

APRESENTAÇÃO

o sentido, mas interpretando mal as palavras daquele grande homem. Pois ele não sustenta que uma mulher casada com um homem deva depois se prostituir para todos os outros; ele aboliria aquele tipo de casamento entre um homem e uma mulher, para introduzir outro. Por essa razão, Epiteto nunca pensava em desculpas quando percebia que havia errado; pelo contrário, ele nunca ficava mais satisfeito do que quando seus fracassos eram revelados a ele.

Um dia, Rufus o repreendeu amargamente por não ter observado uma omissão em um silogismo, e ele respondeu: "Eu não cometi um crime tão grande como se tivesse incendiado o Capitólio." "Por acaso, miserável", responde Rufus, "você acha que não exista outro crime além de incendiar o Capitólio?" Epiteto estava longe de ficar desagradado com uma resposta tão afiada; pelo contrário, ele agradeceu a Rufus e depois contou a história para todo o mundo.

Outra vez, uma pessoa que antes fora muito rica, mas que então caíra em extrema pobreza, veio e implorou para que ele escrevesse em seu favor para o povo. Epiteto, feliz em prestar qualquer serviço, escreveu-lhe uma carta muito amigável, na qual representava e lamentava sua desgraça em termos que poderiam ter despertado compaixão até nos menos inclinados a isso. No entanto, quando o outro leu a carta, em vez de agradecer, devolveu-a, alegando que suas súplicas a ele eram para obter alguma assistência e não para ser lamentado, o que ele não precisava. Essa atitude de desprezo agradou tanto a Epiteto que ele se considerou mais agraciado por essa resposta do que se uma pessoa digna o tivesse tratado com os cumprimentos mais cativantes.

EPITETO

Mas acima de tudo, Epiteto era extremamente exigente no que diz respeito à amizade, e não é preciso dizer mais nada além de que ele era um estoico, para dar alguma segurança de que era sincero e desinteressado. Ele não queria que alguém pensasse em consultar o oráculo quando envolvido na defesa de um amigo. Ele estava convencido de que isso deveria ser tentado mesmo com o risco da vida de um homem. Em um dia, quando afirmava que apenas um sábio era capaz de amizade, alguém lhe respondeu que, embora ele não fosse um sábio, amava ternamente seu próprio filho. "É apenas a sua imaginação", respondeu Epiteto. "Você já observou filhotes brincando juntos? Pode-se entender, a partir de sua brincadeira, que eles têm um carinho extremo um pelo outro. E ainda assim, se jogar um pedaço de carne entre eles, você descobrirá se eles realmente se amam. O caso é semelhante ao seu e ao seu filho. Jogue um pedaço de terra entre vocês dois, e você descobrirá se, para ganhá-la, ele não desejará sua morte; e se, dentro de algum tempo, você não terá uma aversão mortal por ele. Eteocles e Polinices[20], não eram irmãos, filhos do mesmo pai e mãe? Eles não tiveram a mesma educação? Eles não fizeram mil protestos de amizade inviolável? E ainda assim, quando o reino caiu entre eles, o que foi a ração fatal, eles lembraram ou refletiram sobre suas promessas? Não foi a amizade entre eles claramente esquecida? Não ocorreram guerras terríveis entre eles, e não desejaram matar um ao outro? Páris não viveu sob o mesmo teto que Menelau? Eles não dormiram na mesma cama? Eles não estavam sempre juntos? E ainda assim, a beleza imaginária de uma mulher miserável não criou uma distância irreconciliável entre eles e os envolveu na guerra mais sangrenta e cruel já ou-

---

20 Na mitologia grega, Etéocles e Polinices são filhos e irmãos de Édipo, que havia casado com a própria mãe após matar o pai. (N. do T.)

APRESENTAÇÃO

vida? Quando se quer descobrir, continuou ele, se dois homens são verdadeiramente amigos, não é necessário perguntar se são parentes um do outro ou tiveram uma educação conjunta. Esses são sinais incertos e comuns que geralmente nos enganam. A única coisa a fazer é informar-se sobre suas opiniões e seus modos; e se descobrirmos que são verdadeiramente virtuosos e bem-principiados, podemos fazer um julgamento seguro de que são perfeitos em termos de amizade".

Um dia, uma pessoa de renome o visitou, ele o recebeu muito civilmente e conversou com ele por um bom tempo. Mas depois de terem falado sobre várias coisas, Epiteto perguntou se ele era casado. "Eu sou", disse o outro, "para minha grande tristeza". "Por que você se lamenta tanto?", perguntou Epiteto, "pois penso que as pessoas se casam apenas para ter uma vida mais feliz". "Eu sou tão miserável", respondeu o outro, "que não tenho uma hora tranquila. Eu amo tanto meus filhos que estou sempre apreensivo de que algum acidente possa acontecer a eles. E com a menor coisa errada com eles, eu me torno uma pessoa perturbada, arrancando os próprios cabelos e lamentando a miséria da minha condição. Não faz muito tempo", continuou ele, "que me trouxeram notícias de que minha filha pequena não estava bem. Fiquei tão abalado com isso que não tive coragem de vê-la até ter certeza de que ela havia se recuperado da crise e estava melhor". "Certamente", respondeu Epiteto, "você é uma pessoa de uma amizade muito humorística. Eu gostaria que meus inimigos tivessem o mesmo afeto por mim que você tem por seus filhos e que me amassem tanto a ponto de não me verem enquanto eu viver. Você faz como certa pessoa galante fez uma vez, que, ao entrar na arena, ficou tão apavorada que cobriu os olhos com sua capa enquanto seu cavalo galopava, e,

EPITETO

tendo posteriormente recebido o prêmio, tiveram que passar esponjas sobre ele para tirá-lo do desmaio em que havia caído".

Uma vez, alguns disseram a Epiteto que, se ele continuasse a viver na pobreza, nunca estaria em condições de servir seus amigos. "Como vocês estão enganados!", respondeu ele. "Vocês acham que ajudar os amigos consiste em emprestar dinheiro? Não, não. É verdade que um homem deve fazer o que está ao seu alcance para obter riqueza, para que possa aliviar seus amigos em suas necessidades; mas se você puder me iluminar sobre como isso pode ser feito na era em que vivemos, preservando uma vida virtuosa e íntegra, eu prometo me esforçar ao máximo para fazê-lo. E se você também espera isso de mim, que eu deveria arriscar a perda dos bens que posso chamar de meus, a fim de adquirir outros que não são verdadeiros bens, considere se você não está sendo muito injusto e se não deveria preferir um amigo fiel a dinheiro". Essa foi, certamente, uma resposta digna de um verdadeiro filósofo.

Mas o que é particularmente notável em Epiteto é que, de todos os filósofos antigos, ele tinha as melhores opiniões sobre a Divindade e a maior compreensão de nossos mistérios. Suas opiniões são tão conformes ao cristianismo que Santo Agostinho, mesmo sendo um grande inimigo dos antigos filósofos, fala muito favoravelmente desse homem; tanto é assim que o honra com a denominação de Muito Sábio. E sem dúvida Santo Agostinho tinha grandes razões para dar a ele esse caráter, já que Epiteto estava claramente persuadido da imortalidade da alma, era um grande admirador da Providência, um inimigo mortal da impiedade e do ateísmo, reconhecia apenas uma divindade e fazia da modéstia, para não dizer humildade, a base de sua moral, como já observamos.

APRESENTAÇÃO

Mas o que eu mais estimo nele é que, tendo sido criado nos princípios da filosofia estoica, ele não absorveu nada de sua amargura. E que ele desmamou sua mente de grande parte de seus erros e falsas máximas. Em outras palavras, ele não tinha esboço dessas opiniões insolentes e qualificações ridículas que os estoicos exigiam em seu Virtuoso ou Sábio. Um homem que reduziu toda a sua filosofia à prática e que, pela aceitação de todas as épocas subsequentes desde o seu tempo, era o mais conhecedor e humilde de todos os filósofos, tal homem, digo eu, deve estar longe de qualquer imaginação de que ele esteja acima de Deus. Assim, se Epiteto era um estoico, ele era um estoico muito mais reformado do que qualquer outro. Ele não tinha tanta devoção pela escola de Zenão, nem estava tão preso à observância de sua moral, a ponto de transgredir, às vezes, suas regras. Ao contrário, ele se glorificava em se opor a elas quando não as considerava consistentes com boas maneiras e prudência. E certamente, se São Jerônimo não teve dificuldade em colocar um filósofo da mesma seita no rol dos santos, o que podemos pensar de Epiteto? Além disso, para não mencionar que ele sempre falava muito claramente sobre a imortalidade da alma, enquanto Sêneca nunca expressou completamente seu pensamento sobre esse ponto, ele tem esta vantagem adicional sobre ele: nunca aprovou aquela máxima perniciosa e trágica do claustro estoico, tão recebida e tão inveterada, de que era lícito a um homem ser seu próprio assassino. Enquanto Sêneca alega e defende isso em várias ocasiões. Esta é uma consideração tanto mais urgente quanto nada é tão oposto à doutrina do Evangelho.

Eu sei que Wolfius não tem essa opinião e alega que Epiteto caiu nesse erro, assim como o resto dos estoicos. Mas eu também sei que é muito provável que Wolfius esteja enganado

EPITETO

quanto a esse ponto. Pois o único texto em que ele fundamenta essa conjectura é aquele em que Epiteto afirma, em Arriano, que quando um homem está cansado de desempenhar seu papel, ele deve lembrar que a porta está aberta.

Mas quando ele diz "a porta está aberta", ele não quer dizer com essas palavras que um homem pode ser seu próprio assassino. Sua intenção é claramente esta: quando estamos cansados da vida e da condição em que estamos, é importante lembrar que nosso prazo está quase expirado, que em breve seremos livres desse desassossego e que inevitavelmente morreremos. Essa era a reflexão de Epiteto. E para ter certeza disso, precisamos apenas observar como ele se expressa claramente com o mesmo propósito em outro trecho, onde ridiculariza aqueles que se preocupam muito com o amanhã. Assim, Epiteto diz a eles: "Se você tiver algo para comer amanhã, você comerá; se não tiver, você deixará de comer: o pior que pode lhe acontecer é ir para o outro mundo. A porta está sempre aberta para você". Este trecho é tão relevante para o debate quanto o outro; no entanto, nenhuma pessoa inteligente sustentará que o significado de Epiteto neste lugar é que é permitido a um homem ser seu próprio executor. Pois, duas ou três linhas antes, ele afirma que, quando somos perseguidos por tiranos, devemos ter paciência e aguardar a vontade de Deus para nos livrar de sua perseguição. "É justo", acrescenta ele, "que continuemos na posição em que Deus nos colocou. Devemos deixar a ele a tarefa de nos tirar dela, quando lhe agradar. O tempo de nossa permanência não será longo. Quando um homem toma essa resolução, não há tirano que não possamos desafiar." Esta é a opinião constante de Epiteto, claramente oposta àquilo que Wolfius quer impor a ele.

APRESENTAÇÃO

No entanto, para voltar à sua vida, esses eram seus verdadeiros sentimentos: aquela modéstia admirável, aquela sabedoria profunda e, acima de tudo, aquela integridade inflexível tão notável nele foram as recomendações que lhe granjearam a estima e a amizade das maiores personalidades de sua época. Havia uma amizade íntima entre ele e Favorino[21], e Herodes[22], o Sofista, dois homens muito ilustres entre os antigos, cujas vidas foram escritas por Filóstrato[23]. Espartiano, como já observei, o inclui entre os amigos mais íntimos do imperador Adriano. Temístio[24], em sua Oração ao imperador Joviano[25], afirma que recebeu grandes honras dos dois Antoninos. E, de fato, Marco Aurélio fala muito favoravelmente dele em vários lugares, a ponto de equipará-lo a Zenão, Sócrates e Crisipo. Em suma, ele tinha tanta reputação que Luciano satiriza uma pessoa ignorante que deu três mil dracmas pela lâmpada de cerâmica de Epiteto, com a ideia de que se tornaria tão eminente em conhecimento quanto ele era, à luz de sua lâmpada.

Suas palavras eram tão eficazes, e os homens tinham tanto respeito e veneração por tudo que vinha dele, que ninguém se opunha. Um dia, Herodes, o Sofista, encontrou um jovem que professava a filosofia estoica, mas tinha o hábito de falar e se exaltar como se todos os gregos e latinos fossem ignorantes em comparação a ele. O Sofista ouviu pacientemente tudo o que

---

21   Favorino de Arelate (80 d.C - 180 d.C) foi um filósofo e sofista romano. (N. do T.)
22   Herodes, ou Herodes, o Grande (72 a.C - 4a.C) foi rei da Judéia, como subordinado do Império Romano, e é mencionado no Novo Testamento como o responsável pelo Massacre dos Inocentes na época do nascimento de Jesus. (N. do T.)
23   Flávio Filóstrato (170 d.C - 250 d.C), também conhecido como Filóstrato, o Ateniense, foi um filósofo sofista e também escritor e orador. (N. do T.)
24   Temístio (317 d.C - 387 d.C) foi um filósofo aristotélico da antiguidade. (N. do T.)
25   Acredita-se que se trata de Flávio Joviano (331 d.C - 364 d.C), soberano do Império Romano após Juliano, o último imperador pagão. (N. do T.)

EPITETO

ele tinha a dizer e depois mandou buscar o segundo livro dos *Discursos de Epiteto*, compilado por Arriano. Ele fez com que um capítulo fosse lido, tratando de grandes tagarelas e pessoas presunçosas. O jovem ficou tão surpreso e envergonhado que não teve nada a dizer em sua defesa. A partir desse exemplo, pode-se conjecturar o quão estimado Epiteto deveria ser.

De todos os seus discípulos, não temos notícia de qualquer pessoa notável além de Arriano; no entanto, a formação desse único discípulo é argumento suficiente para a grandeza do mestre. Este é o Arriano, que posteriormente tornou-se mestre de Antonino Pio e recebeu o título de "jovem Xenofonte" por ter, em imitação a esse filósofo, registrado por escrito tudo o que ouvira de seu mestre durante sua vida. Ele organizou esses ensinamentos em um volume intitulado *Os Discursos de Epiteto* ou suas *Dissertações*, dos quais ainda restam quatro livros. Posteriormente, Arriano produziu um pequeno tratado chamado *Enchiridion*, que é um resumo da filosofia moral de Epiteto e ainda existe como uma das peças mais excelentes da Antiguidade.

Mas o que me surpreende muito é que uma pessoa tão erudita como Lípsio[26], cujo julgamento iluminado encontrou o caminho nas maiores obscuridades da Filosofia Estoica e que fez dela seu estudo principal, imaginasse que Epiteto fosse o autor desse *Enchiridion*. Ele parece ter perdido de vista o fato de que Simplicius afirma expressamente no início de seu livro que o *Enchiridion* foi composto por Arriano e que era uma compilação das máximas mais nobres e significativas da filosofia de Epiteto. O tradutor dos Discursos de Arriano para o francês,

---

26 Justo Lípsio (1547 - 1606) foi um filólogo e humanista belga, considerado um dos grandes eruditos do século XVI. (N. do T.)

APRESENTAÇÃO

conhecido pelo *Philarcus* de *Monsieur* de Balzac, comete o mesmo erro.

Arriano também havia escrito outro livro bastante extenso sobre a vida e morte de Epiteto, que claramente se perdeu. Marco Aurélio menciona outro livro, intitulado *Os Comentários de Epiteto*, que ele havia lido com muito cuidado. No entanto, é muito provável que esses "Comentários" sejam os mesmos *Discursos de Epiteto*, dos quais já falei. Arriano, na introdução que fez antes desses *Discursos*, também os chama de "Comentários" de Epiteto. Eu entendo que a ambiguidade pode ter surgido devido às duas publicações feitas desse livro durante a vida de Arriano, que possivelmente o intitulou de maneiras diferentes.

Também sou da opinião de que esses *Discursos* eram muito mais extensos do que aqueles que encontramos atualmente, e talvez, em vez de quatro, houvesse cinco ou seis livros deles. Isso é tão certo que Gélio cita um trecho do quinto livro dos Discursos de Arriano. E Estobeu relata vários trechos do mesmo autor, agora não encontrados em nenhum outro lugar. É possível também que Arriano tenha omitido várias coisas na segunda publicação de seu livro e reduzido os seis livros que ele havia feito para quatro. Seja como for, não posso concordar com o que Suídas afirma, que Epiteto escreveu muito. Pois, se consultarmos um pouco do que foi escrito por Arriano, ou refletirmos sobre as máximas mantidas por ele, dificilmente seremos levados a essa suposição.

Também existem certas respostas, que alguns deduzem que ele deu ao Imperador Adriano. Mas basta lê-las para descobrir que são supositícias e que são falsamente atribuídas a ele. Wolfius nos deu esperanças em algum momento de que veríamos as cartas de Epiteto, que, segundo lhe disseram, estavam na Bi-

EPITETO

blioteca de Florença. Mas é muito provável que aquele que lhe deu essa notícia não estivesse bem informado da verdade, e que podemos esperar muito tempo antes de vê-las publicadas.

Sobra a doença ou o momento exato da morte de Epiteto, não se sabe ao certo. É verdade que Suídas afirma que ele morreu sob o reinado de Marco Aurélio, mas questiono muito a veracidade disso. Salmasius, que foi muito detalhado sobre este assunto, apresenta várias razões para mostrar que Suídas estava equivocado.

A primeira razão é que o próprio Suídas afirma que Epiteto era escravo de Epafrodito, que era capitão da Guarda de Nero. Agora, da morte de Nero até a ascensão de Marco Aurélio ao Império, passaram-se quase noventa e quatro anos. Além disso, antes que Epiteto estivesse em condições de prestar qualquer serviço a Epafrodito e de vir de Hierápolis para Roma, ele já deveria ter certa idade. Portanto, de acordo com esse cálculo, ele teria vivido quase cento e vinte anos, o que não é facilmente crível. No entanto, pode haver algo na conjectura, embora não o suficiente para torná-la conclusiva. Como Lípsio observou bem, é possível que Epiteto não tenha servido Epafrodito até após a morte de Nero. No entanto, Lípsio pode ser refutado, citando que Epafrodito é aqui chamado de capitão da Guarda de Nero, o que sugere que Nero estava vivo na época.

A terceira razão apresentada por Salmasius me parece não ter validade alguma. Ele diz que a lâmpada de Epiteto foi vendida na época de Luciano, e disto ele afirma que Epiteto já estava morto, mas isso não prova nada. Há uma probabilidade muito alta, se não certeza, de que Luciano não morreu até depois de Marco Aurélio. Portanto, a lâmpada poderia ter sido vendida na época de Luciano, mesmo que

APRESENTAÇÃO

Epiteto tenha vivido até o tempo desse imperador. Na verdade, é possível que tenha sido vendida ainda durante a vida de Epiteto, e, nesse caso, não seria difícil.

A quarta razão é que A. Gélio, que escreveu na época de Antonino Pio ou no início do reinado de Marco Aurélio, afirma o seguinte de Epiteto: "A memória de Epiteto, o filósofo, ainda está fresca". A passagem não foi fielmente reproduzida por Salmasius. Na verdade, Aulo Gélio afirma precisamente: "que Epiteto também foi escravo, está fresco na memória". Ou seja, estava fresca na memória que Epiteto tinha sido escravo, e não simplesmente que ele tinha existido

Em conclusão, a última razão apresentada por Salmasius é que Aulo Gélio diz em outro lugar o seguinte: "Ouvi Favorino dizer que Epiteto disse, etc." Assim, como Favorino morreu sob o imperador Adriano, Salmasius afirma que Epiteto não poderia ter vivido até o tempo de Marco Aurélio. Esta razão não é conclusiva, porque Favorino poderia informar Aulo Gélio sobre o que Epiteto disse, mesmo que Epiteto não estivesse morto. No entanto, devemos permitir que ela tenha algum fundamento. Aulo Gélio, que escreveu na época de Antonino Pio, o predecessor de Marco Aurélio, ao falar de Epiteto, se expressa nos seguintes termos: "Epiteto disse", "Esse venerável homem disse", "Fui informado por tal pessoa que Epiteto disse". Isso claramente sugere que Epiteto não estava vivo naquele momento. E o que me inclina mais a essa opinião é que é provável que Arriano não tivesse feito nenhuma coletânea dos discursos de Epiteto até depois da morte desse filósofo. Se assim for, é impossível que o que é afirmado por Suídas seja verdadeiro e que Epiteto tenha vivido até o tempo de Marco Aurélio. Pois na época de Aulo Gélio, que, como observado, escreveu sob Anto-

EPITETO

nino Pio, esses discursos já estavam publicados e eram ampla-
mente conhecidos. É verdade que Arriano poderia ter feito esse
livro sobre a vida de Epiteto, mas há pouca probabilidade, e não
se presume facilmente, que os discursos e coisas memoráveis
de uma pessoa ainda viva fossem publicados.

Há ainda outra dificuldade muito considerável que não foi
observada por ninguém. Esta é que, desde a morte de Nero até
o edital promulgado por Domiciano sobre o Banimento dos
Filósofos, existe um intervalo de pouco mais de vinte anos. Pois
esse edital foi publicado no oitavo ano de seu reinado, conforme afirmado por Eusébio. Agora, se a conjectura de Lípsio estiver correta, e Epiteto não tenha servido Epafrodito até após a
morte de Nero, seguiria que, na época desse edital, Epiteto não
poderia ter mais de dezoito ou dezenove anos de idade. Isso
não pode ser verdade, pois nesse momento ele já teria obtido
sua liberdade e, mesmo naquela época, já tinha uma excelente
reputação. Conforme afirmado por Aulo Gélio, após a quali-
ficação de Filósofo, ele foi forçado a se retirar para Nicópolis.
Deve-se admitir, portanto, que ele tinha cerca de trinta anos
naquela época. Mas se ele tinha essa idade na época daquele edital, seguiria necessariamente que ele viveu quase cento e
oito ou nove anos, até chegar ao tempo de Marco Aurélio. Isso
não é provável, pois Luciano, que viveu naquela época, não faz
menção de Epiteto em seu diálogo Sobre os Longevos. É verdade que Eusébio fala também de um segundo édito contra os
filósofos, que não foi publicado até o décimo quinto ano do
reinado de Domiciano. No entanto, sem mencionar que ele é
o único, entre todos os cronologistas e historiadores, que faz
menção desse segundo edital, Scaliger observa precisamente
que o edital do qual Aulo Gélio fala (que é o mesmo que esta-

APRESENTAÇÃO

mos discutindo agora), foi o primeiro publicado no oitavo ano do reinado de Domiciano.

Essa razão me parece tão forte que eu não hesitaria em afirmar que Suídas estava enganado, se eu não tivesse encontrado um trecho de Temístio, onde ele afirma precisamente que os dois Antoninos prestaram grandes homenagens a Epiteto. No entanto, poderia ser argumentado que o que é dito é por um orador que não observou a rigorosidade necessária em um historiador fiel. Ou talvez que Marco Aurélio fosse um grande admirador de Epiteto no tempo de Adriano e Antonino Pio, antes de se tornar imperador. Ou ainda, que ele lhe prestou essas homenagens após a morte de Epiteto. Como de fato vemos, pelos livros que ele nos deixou, que ele tinha uma veneração particular por sua memória. Em suma, não o faço sem alguma dificuldade, me oponho a ser irresoluto sobre o assunto. Portanto, penso ser suficiente ter apenas apresentado as dúvidas de ambos os lados. No entanto, após uma análise cuidadosa desses elementos, se eu puder me permitir a dar meu julgamento, estou mais inclinado a concordar com o que é afirmado por Salmasius, de que Epiteto não viveu até o reinado de Marco Aurélio. Além de Suídas ser um autor que nem sempre alcança a verdade, foi um erro inegável quando ele afirmou que Epiteto havia escrito muito. Assim, é possível que ele também esteja enganado em seu cálculo do tempo. Seja como for, é certo que Epiteto foi lamentado por todas as pessoas ilustres de sua época e que sua memória será preciosa para a posteridade. E isso é tudo o que pude encontrar sobre sua vida, que até agora não foi escrita em nenhum idioma, uma vez que a biografia de Epiteto feita por Arriano foi perdida.

ESCRITOS DE OURO

I

São essas as únicas obras da Providência entre nós? Que palavras seriam suficientes para glorificá-las ou descrevê-las? Se tivéssemos tal compreensão, cessaríamos de entoar hinos e abençoar o Poder Divino, tanto em público quanto em segredo, e de falar sobre os Seus dons generosos? Seja trabalhando a terra, lavrando ou comendo, não deveríamos cantar um hino a Deus?

> *Grande é Deus, pois Ele nos deu tais instrumentos para cultivar a terra;*
> *Grande é Deus, pois Ele nos deu mãos e o poder de engolir e digerir; de crescer e respirar inconscientemente enquanto dormimos!*

Assim deveríamos cantar eternamente; sim, e este que segue, é o hino mais grandioso e divino de todos:

> *Grande é Deus, pois Ele nos deu uma mente para compreender tais coisas e usá-las devidamente!*

Porém, visto que a maioria de vocês está cega, não deveria haver alguém para ocupar esse lugar e cantar a Deus em nome de todos os homens? O que mais posso fazer, eu, que sou velho e aleijado, senão cantar para Deus? Se eu fosse um rouxinol, faria como um rouxinol. Se eu fosse um cisne, faria como um cisne. Mas, agora, já que sou um ser racional, devo cantar para Deus: esse é o meu trabalho. Assim farei, e não abandonarei o posto enquanto me for permitido mantê-lo; e a vocês também eu chamo para se unirem nesse mesmo hino.

II

Como, então, agem os homens? Como alguém que, retornando à sua pátria, após uma noite de estadia em uma estalagem aprazível, deixa-se cativar de tal forma que resolve ali fixar residência.

"Amigo, esqueceste o teu propósito! Esse não é o teu destino final, mas apenas uma parada no caminho até lá."

"Não é, mas trata-se de um lugar apropriado."

"E quantos mais lugares assim podem haver, que apenas cruzam o teu caminho! O teu propósito era retornar à tua pátria, aliviar os temores dos teus parentes por ti, cumprir com as obrigações de um cidadão, desposar uma mulher, gerar descendentes e ocupar-te daquilo que a ti fora designado. Não vieste ao mundo para escolher ficar nos lugares mais agradáveis, e sim para retornar ao local onde nasceste e onde és visto como um cidadão."

III

Tente desfrutar do grande festival que é a vida ao lado dos outros.

IV

Mas, existe aquele a quem devo agradar, aquele a quem devo sujeitar-me, e aquele a quem devo obedecer: Deus, junto aos que estão mais próximos d'Ele. Ele me confiou a mim mesmo: meu arbítrio diz respeito somente a mim, e o juízo que me foi dado rege o uso correto de tal.

V

Rufus[27] costumava dizer: "Se tens tempo para me elogiar, o que digo insignificante." Na verdade, ele falava de tal maneira que, ali sentados, todos jurávamos que alguém nos havia acusado perante Rufus: certeiramente ele apontava nossos erros, e mostrava-nos nossos defeitos sem delongas.

VI

Mas o que Deus diz? "Se fosse possível para mim fazê-lo, Epiteto, tanto teu corpo como tuas posses seriam livres e desimpedidas, mas, como não é o caso, não te deixes enganar: nada disso é realmente *teu*; é apenas barro habilmente moldado. Visto, então, que não poderia fazê-lo, dei-te uma parte de Mim mesmo: tens o poder da cobiça e da recusa, da busca e do efúgio; em suma, tens o poder de lidar com questões sensíveis. E, se não negligenciares tal poder, mas te dedicares a isso,

---

27 Caio Musônio Rufo foi um filósofo estoico da Roma Antiga. Viveu durante o século I d.C., aproximadamente de 30 d.C. a 100 d.C. (N. do R.)

nunca serás impedido ou prejudicado, nunca lamentarás nada, nunca culparás ou favorecerás ninguém. Pois bem, achas que isso é coisa pouca?" — Deus me livre! — "Fica, portanto, contente com o que te ofereço!"

E assim eu oro aos Deuses.

VII

O que diz Antístenes[28]? Nunca ouviste?

"É algo majestoso, ó Ciro, fazer o bem e ser malfalado."

VIII

"Sim, mas rebaixar-me assim seria desprezível."

"Isso," disse Epiteto, "é algo que você, e não eu, deve levar em consideração. Você sabe do seu valor, e sabe a que preço poderão comprá-lo: pois os homens se vendem a diversos preços. Foi por isso que, quando Floro[29] estava ponderando se deveria participar dos espetáculos de Nero, atuando neles, Agripino respondeu: 'Mas por que *você mesmo* não atua?' Ele respondeu: 'Porque nem mesmo considero a questão.' Pois o homem,

---

28 Antístenes (c. 445 - 365 a.C.) foi um discípulo de Sócrates e o fundador da escola filosófica cínica. Os cínicos eram conhecidos por sua ênfase na simplicidade de vida, autossuficiência e rejeição dos valores materiais. (N. do R.)

29 Géssio Floro (também conhecido como Gaius Gessius Florus) foi um político e historiador romano que viveu no século I d.C. Durante o reinado do imperador Nero, Géssio Floro desempenhou um papel significativo como governador da província romana da Judeia, por volta do ano 64 d.C. (N. do R.)

ESCRITOS DE OURO

uma vez que se inclina para considerar tais questões e calcular a importância das aparências, está próximo de esquecer quem realmente ele é. Ora, qual é a sua pergunta, afinal? A morte é preferível à vida? Eu respondo: a vida é mais preferível. E quanto a dor e o prazer? Eu respondo: o prazer."

"Bem, mas se eu não atuar[30], perderei a cabeça."

"Então vá e atue! Mas eu não atuarei."

"Por quê?"

"Porque você se vê como apenas *um* entre muitos fios que compõem o tecido da camisa. Deveria almejar ser como as pessoas em geral, assim como o seu fio não ambiciona ser algo distinto em comparação com os outros fios. Mas eu desejo ser a púrpura[31], aquela parte pequena e reluzente que torna o restante bonito e atraente. Por que, então, pede que eu me torne como a multidão? Dessa forma eu não seria mais a púrpura.

IX

Se um homem fosse completamente permeado, como deveria ser, por este pensamento de que todos nós somos de uma maneira especial descendentes de Deus, e que Deus é o Pai dos homens, assim como dos deuses, sem dúvida ele nunca conce-

---

30   Nero era particularmente fascinado pelo teatro, música e atuações artísticas. Ele organizava frequentemente espetáculos e jogos públicos, muitos dos quais eram marcados por sua grandiosidade e custos exorbitantes. Neste trecho, Géssio Floro pode ter sido convocado tanto para espetáculos artísticos como para combates entre gladiadores. (N. do R.)

31   Do inglês, *the purple*, a cor púrpura é historicamente relacionada à nobreza e realeza, pois tratava-se de uma cor de tecido extremamente cara. (N. do R.)

EPITETO

beria nada de ignóbil ou baixo sobre si mesmo. Mas se César o adotasse, sua aparência orgulhosa seria insuportável; você não se elevaria sabendo que é filho de Deus? No entanto, não é assim conosco: mas, visto que em nosso nascimento essas duas coisas estão mescladas — o corpo que compartilhamos com os animais e a Razão e o Pensamento que compartilhamos com os deuses —, muitos declinam em direção a essa infeliz parentela com os mortos, poucos ascendem para a abençoada parentela com o Divino. Como, então, cada um lida com as coisas de acordo com a visão que forma delas, aqueles poucos que acreditam que nasceram para fidelidade, modéstia e segurança infalível ao lidar com as coisas sensíveis, nunca concebem nada de baixo ou ignóbil sobre si mesmos, mas a maioria faz o oposto. Por quê? O que sou eu, afinal? — Uma criatura humana miserável, com esta minha carne miserável. Miserável, de fato! Mas você possui algo melhor do que essa sua carne insignificante. Por que, então, se apegar a uma e negligenciar a outra?

X

Tu és apenas uma pobre alma suportando um corpo sem vida.

XI

Outro dia, acendi uma lamparina de ferro ao lado dos meus deuses domésticos. Ouvi um barulho na porta e, ao descer apressadamente, vi que minha lâmpada fora roubada. Refleti que o culpado não estava em uma situação muito incomum.

"Amanhã, meu amigo", eu disse, "encontrarás uma lâmpada de barro, pois um homem só pode perder o que possui."

XII

"A razão pela qual perdi minha lamparina foi que o ladrão superou-me em vigilância. No entanto, ele pagou o preço: pois, em troca dela, consentiu em se tornar um ladrão; em troca dela, tornou-se desonesto."

XIII

Mas Deus introduziu o homem para ser um espectador de Si mesmo e de Suas obras; e não apenas um espectador, mas também um intérprete delas. Portanto, é vergonhoso para o homem começar e terminar como brutos. Pelo contrário, ele deve começar na brutalidade e terminar juntamente à Natureza: e isso é na contemplação, no entendimento e em um modo de vida que está em harmonia consigo mesmo.

Logo, cuide para não morrer sem ser um espectador destas coisas.

XIV

Vocês viajam para Olímpia para ver a obra de Fídias[32], e consideram um infortúnio não tê-la contemplado antes de

---

32 Fídias, também conhecido como Fídias de Élis, foi um dos escultores

EPITETO

morrerem. No entanto, quando não precisam nem mesmo se deslocar, já encontrando-se no local, tendo as obras diante dos olhos, por que não se dão ao trabalho de contemplá-las e estudá-las?

Vocês não têm percepção de quem são ou da finalidade para qual nasceram? Não entendem por que o poder da contemplação lhes foi concedido?

"Bem, mas na vida há coisas desagradáveis e difíceis de suportar."

E não há tais coisas em Olímpia? Não se sente calor? Não há multidões? Não precisa banhar-se desconfortavelmente? Não se encharca quando chove? Não precisa suportar o falatório, o tumulto e demais perturbações? Bem, suponho que você compare tudo isso ao esplendor do espetáculo e assim a tudo suporta pacientemente. E então? Você não foi agraciado com um coração nobre, coragem, fortitude? Que me importaria o que há de acontecer se tenho um coração nobre? Que há de me derrubar ou perturbar? Que há de ser doloroso? Não devo usar do que recebi para seu devido fim, em vez de lamentar e chorar pelo que acontece?

XV

Se o que os filósofos dizem sobre a similaridade entre Deus e o Homem for verdadeiro, o que resta aos homens fazerem

---

e arquitetos mais renomados da Grécia Antiga, ativo no século V a.C. Ele é mais conhecido por suas contribuições artísticas para a Atenas Clássica, como a estátua colossal de Zeus Olímpico, em Olímpia, considerada uma das Sete Maravilhas do Mundo Antigo. (N. do R.)

senão, como fez Sócrates, quando perguntado sobre sua pátria? Nunca responderem: "Sou ateniense ou coríntio", mas sim, "Sou cidadão do mundo".

XVI

Aquele que compreendeu como o Mundo é governado, que aprendeu que essa Comunidade, que é formada por Deus e homens, é a mais importante, poderosa e abrangente de todas: que de Deus vieram as sementes da vida, não apenas para o meu pai e avô, mas para todas as coisas que nascem e crescem na Terra, e especialmente para aqueles dotados de Razão (pois somente estes, por sua natureza, estão aptos para se conectar com Deus, sendo unidos a Ele por meio da Razão). Por que tal pessoa não se chamaria "cidadão do mundo"? Por que não seria um filho de Deus? Por que deveria temer o que acontece entre os homens? Ser alguém similar a César, ou a qualquer outro grande nome em Roma seria suficiente para proteger os homens de perigos e preocupações, sem a menor apreensão? Enquanto Deus for nosso Criador, Pai e Semelhante, não estaríamos livres de sofrimentos e temores?

XVII

Não creio que um velho como eu precise estar sentado aqui tentando evitar que vocês criem noções abjetas de si mesmos ou falem de si mesmos de maneira abjeta e ignóbil, mas para evitar que, por acaso, haja entre vocês jovens que, depois de reconhecerem sua semelhança com os deuses e sua servidão a

EPITETO

essas correntes do corpo e suas múltiplas necessidades, desejem descartá-las como fardos demasiado pesados e afastar-se de seus verdadeiros parentes. Esta é a luta na qual seu Mestre e Professor, se ele fosse merecedor do nome, deveria estar envolvido. Vocês viriam até mim e diriam: "Epiteto, não suportamos mais as correntes que nos prendem a este corpo miserável, indo atrás de comida, bebida, descanso e purificação: pois, por causa disso somos forçados a subordinação. Isso não são coisas indiferentes e nada para nós? Não é verdade que a morte não é um mal? Não somos de certa forma parentes dos deuses e viemos deles? Vamos partir dali, de onde viemos: vamos ser libertos destas correntes que nos prendem e oprimem. Aqui há ladrões e tribunais: e aqueles que são chamados de tiranos, que julgam ter poder sobre nós de alguma forma, por causa do corpo miserável e o que lhes pertence. Vamos mostrar a eles que não têm poder sobre ninguém".

XVIII

E a isso eu respondo:

"Amigos, esperem por Deus. Quando Ele der o sinal e os libertar dessa missão, então partam para Ele. Mas, por enquanto, suportem habitar no lugar onde Ele os colocou. O tempo de sua permanência ali é curto e fácil para aqueles que têm a mente adequada. Que tirano, ladrão ou tribunal tem poder sobre aqueles que consideram o corpo e tudo o que lhes pertence como algo sem importância? Fiquem; não partam precipitadamente!"

XIX

Algo assim deveria ser passado de um professor para jovens ingênuos. Mas, o que é de fato passado? O professor é um corpo sem vida, e vocês também são corpos sem vida. Tendo se alimentado o suficiente hoje, sentam-se e choram pensando no alimento de amanhã. Escravos! Se vocês têm, ótimo; se não, vocês partirão: a porta está aberta. Por que lamentar-se? Que motivo há para lágrimas? Que motivo há para lisonjas? Por que um deve invejar o outro? Por que vocês deveriam temer aqueles que têm muito ou estão no poder, especialmente se também forem fortes e passionais? Por que, afinal, o que eles podem fazer conosco? O que eles podem fazer, não consideramos; o que nos diz respeito, eles não podem fazer. Quem, então, governará alguém que tem essa mentalidade?

XX

Assim, notando a capacidade que possuem, deveriam dizer: "Mande agora mesmo, Ó Deus, qualquer provação que desejar; eis que tenho meios e poderes, dados a mim por Ti, para isentar-me honrosamente de tudo o que estiver por vir." Não, mas aí estão vocês, tremendo de medo pelas coisas que podem acontecer, e lastimando e resmungando pelo que de fato acontece. Por isso, repreendem os deuses, e tal espírito assim medíocre só poderia resultar em uma coisa: a impiedade.

No entanto, Deus não apenas nos deu essas capacidades — as de suportar tudo o que nos ocorre sem sermos esmagados ou abatidos —, mas, como um benevolente Rei e Pai, Ele as con-

EPITETO

cedeu de maneira incondicional, completamente à nossa disposição, sem reter para Si qualquer poder de impedimento ou restrição. Embora detendo todas essas dádivas de forma gratuita, tudo o que possuem, vocês não as utilizam! Não percebem a qualidade do que receberam e nem a origem desse presente, mas permanecem lamentando-se e queixando-se; alguns de vocês estão cegos, e não reconhecem seu Benfeitor; outros, de maneira desonrosa, entregam-se a queixas e acusações contra Deus.

No entanto, sua capacidade e poder de adquirir coragem e nobreza de coração é algo que eu facilmente posso mostrar-lhes; agora, aquilo que tanto criticam e culpam, cabe a *vocês* me mostrarem!

XXI

Como Sócrates se portou a esse respeito? Como, senão como alguém que estava plenamente convencido de seu parentesco com os deuses?

XXII

Se Deus tivesse pego essa parte de Sua própria natureza, a qual Ele separou de Si mesmo e nos deu, e resolvido torná-la passível de impedimentos e constrangimentos, quer por Ele mesmo, quer por qualquer outro poder, Ele então não seria Deus, nem estaria cuidando de nós como deveria um Deus. Se quiserem, podem ser livres; se quiserem, não precisam res-

ESCRITOS DE OURO

ponsabilizar ninguém por nada, nem acusar ninguém de nada. Todas as coisas caminharão ao mesmo tempo de acordo com seus espíritos e com o Espírito de Deus.

XXIII

A letargia surge de duas formas. Há a letargia do discernimento, e também a letargia do pudor. Isso acontece quando o homem obstinadamente se recusa a reconhecer verdades óbvias e insiste em manter-se próximo ao que se mostra incoerente. A maioria de nós teme o martírio físico e não pouparia esforços para escapar de qualquer coisa desse tipo. Porém, quanto ao martírio espiritual, somos totalmente descuidados. Com relação à alma, de fato, se o homem é incapaz de discernir ou compreender o mundo ao seu redor, concordo que ele esteja enfermo. Mas, a letargia do pudor e da moderação, é apenas uma fraqueza de espírito!

XXIV

Se fôssemos tão empenhados em nossos negócios quanto os velhos colegas de Roma são em relação ao que lhes interessa, talvez também nós pudéssemos realizar alguma coisa. Conheço um homem mais velho do que eu, agora Superintendente do Mercado de Grãos em Roma, e lembro-me quando ele passou por aqui a caminho de casa depois do exílio, relatando-me como vivera anteriormente, declarando que, no futuro, uma vez em casa novamente, sua única preocupação seria passar os anos restantes em tranquilidade: "Pois poucos anos ainda me

EPITETO

restam!", ele exclamou. "Isso", eu disse, "você não conseguirá fazer; no momento em que sentir o cheiro de Roma em suas narinas, esquecerá de tudo, e se puder ser admitido na Corte, ficará feliz em seguir caminho adentro, agradecendo a Deus por isso." "Epiteto", ele respondeu, "se algum dia me vir colocando um pé sequer dentro da Corte, pense o que quiser de mim."

Bem, e então? O que ele fez? Antes mesmo de entrar na cidade, recebeu um despacho do Imperador. Ele o pegou e se esqueceu de todas as suas intenções. A partir desse momento, passou a ignorar todo o restante de sua vida. Eu gostaria de estar lá ao lado dele para lembrá-lo do que me disse ao passar por aqui, e para acrescentar: "Como sou um melhor profeta do que você!"

Ora, então, devo dizer que o homem não foi feito para uma vida ativa? Longe disso! Mas há uma grande diferença entre as ocupações de outrem e as nossas. Basta dar uma olhada para entender. O dia passa e eles não fazem nada além de calcular, projetar, consultar o lucro dos alimentos, das terras e coisas assim. Enquanto eu, suplico-lhes que aprendam sobre o governo do Mundo, e sobre o lugar que um Ser dotado de razão ocupa nisso: considerem o que vocês são, e em que consiste o seu Bem e o seu Mal.

XXV

Um homem me pediu para escrever a Roma em seu nome, que, como a maioria pensava, havia sofrido um infortúnio; pois, depois de ter sido anteriormente rico e distinto, havia perdido tudo e estava vivendo aqui. Então escrevi sobre ele em um tom humilde. No entanto, ao ler a carta, ele a devolveu para mim, dizendo: "Pedi sua ajuda, não sua compaixão. Nenhum mal aconteceu a mim."

XXVI

A verdadeira instrução é esta: aprender a desejar que cada coisa aconteça como acontece. E como isso acontece? Como o Ordenador dispôs. Agora, Ele dispôs a vida para que haja verão e inverno, fartura e escassez, vício e virtude, e todos esses opostos existem para a harmonia do todo.

XXVII

Tenha este pensamento sempre presente que perder alguma coisa externa: se você ganha algo em troca, e isso é mais precioso, não diga que sofreu uma perda.

XXVIII

No que diz respeito aos Deuses, há quem negue a própria existência da Divindade; outros dizem que ela existe, mas não se agita, não se preocupa e nem tem a previsão de nada. Uma terceira opinião atribui-lhe a existência e o poder de previsão, mas apenas para coisas grandes e celestiais, excluindo as coisas terrenas. Ainda uma quarta admite as questões terrenas, bem como as celestiais, mas apenas de forma geral e não individua-

EPITETO

lizada. Uma quinta, por último, da qual Ulisses e Sócrates compartilham, clama: "Não me movo sem Teu conhecimento!"

XXIX

Considerando todas essas coisas, o homem bom e verdadeiro submete seu julgamento Àquele que administra o Universo, assim como bons cidadãos submetem-se à lei do Estado. E, aquele que assim está sendo instruído deve pensar: "Como posso seguir os Deuses em todas as coisas? Como posso ficar satisfeito com a autoridade Divina? Como posso me tornar livre? Pois é livre aquele para quem todas as coisas acontecem de acordo com a sua vontade, e a quem ninguém pode impedir. Então, a liberdade é loucura? Que Deus não permita, pois a loucura e a liberdade não coexistem.

"Mas eu desejo que minhas vontades se realizem, e da maneira que eu quero."

Você está louco, fora de si. Não sabe que a liberdade é uma coisa gloriosa e de grande valor? Mas, desejar que nossas vontades aleatórias se realizem de forma aleatória está longe de ser nobre: pode até chegar a ser vil.

XXX

Você deve saber que não é fácil para um princípio tornar-se propriedade de um homem, a menos que a cada dia ele o mantenha e o testemunhe sendo mantido, assim como ele o coloca em prática na vida.

XXXI

Você é impaciente e difícil de agradar. Se está sozinho, chama isso de solidão; se está na companhia de homens, chama-os de conspiradores e ladrões, encontrando defeitos em seus próprios pais, filhos, irmãos e vizinhos. Mas, na verdade, estando sozinho, deveria reconhecer a Tranquilidade e a Liberdade, e considerar-se semelhante aos Deuses. Quando na companhia de muitos, não deveria vê-los como uma multidão cansativa e tumultuosa, mas como uma assembleia ou um tribunal, aceitando tudo com contentamento.

XXXII

Então, qual é o castigo para aqueles que não aceitam? Ser como eles são. Estão descontentes por estarem sozinhos? Deixe-os na solidão. Estão descontentes com seus pais? Deixe-os serem filhos ruins e lamentarem. Estão descontentes com seus filhos? Deixe-os serem pais ruins. "Coloquem-no na prisão!" Que prisão? Aquela em que ele já está: pois ele está lá contra sua vontade, e onde quer que um homem esteja contra sua vontade, aquilo é uma prisão. Assim, Sócrates nunca esteve preso, já que estava lá com o seu próprio consentimento.

XXXIII

Você sabe o quão pequeno é em relação ao Universo? Isto é, falando do corpo físico, pois falando da Razão, não é inferior aos Deuses, nem menos do que eles. Pois a grandeza da Razão não é medida pela largura ou comprimento, e sim pelos propósitos da mente. Deposite então a sua felicidade na crença de que você é semelhante aos Deuses.

XXXIV

Questionado sobre como um homem poderia comer de forma aceitável aos Deuses, Epiteto respondeu: "Se quando ele come, puder ser justo, alegre, estável, moderado e ordenado, não estaria assim comendo de maneira aceitável aos Deuses? Quando pedir água quente e seu escravo não lhe responder a ordem, ou responder trazendo-a morna, ou sequer se encontrar em casa, mas, mesmo assim, você não se aborrecer nem explodir de raiva, não seria isso aceitável aos Deuses?

"Mas como alguém pode suportar um escravo assim?"

Escravo... você não suportaria um irmão, que tem Deus como antepassado, assim como um filho nascido da mesma linhagem e da mesma nobreza que você? Se estiver em posição mais elevada, irá tornar-se automaticamente um tirano? Lembre-se de quem você é e a quem você governa, pois eles, mesmo escravos, por natureza são seus parentes, seus irmãos, e descendentes de Deus.

"Mas eu paguei por eles; eles não pagaram por mim."

Você sabe onde está depositando importância? Lá no fundo do abismo, nas leis desprezíveis de coisas que findam. Mas, para as leis dos Deuses, eternas, você não dá importância.

XXXV

Quando convidados para um banquete, aceitamos o que é servido diante de nós; e se alguém pedisse ao anfitrião que servisse outros peixes ou outros doces, isso seria considerado um absurdo. No entanto, em uma oração, pedimos aos Deuses o que eles não nos deram; e o fazemos, embora já tenham nos dado tantas coisas!

XXXVI

Perguntado sobre como um homem poderia convencer-se de que cada ato seu está sob o olhar de Deus, Epiteto respondeu: "Você não acredita que as coisas na Terra e no Céu estão ligadas e em harmonia umas com as outras?"

"Eu acredito", foi a resposta.

"Caso contrário, poderiam as árvores florescer tão periodicamente, sem a ordem de Deus? Como, senão sob Seu comando, nasceriam os brotos, os frutos, que logo amadurecem? Como as árvores iriam deixá-los cair? Como soltariam suas folhas, que, empilhadas sobre si mesmas, descansam em silêncio? Como a Lua cresceria e minguaria, o Sol se aproximaria e se afastaria? Como tais mudanças e alternâncias teriam reflexo nas coisas terrenas?

"Se, então, todas as coisas que crescem, como nossos próprios corpos, estão assim interligadas, isso também não se aplicaria às nossas almas? E se nossas almas estão em contato com Deus, sendo elas fragmentos retirados Dele, não sentiria Ele cada movimento que fazem, como se Ele mesmo se movesse, como se pertencêssemos à Sua própria natureza?"

XXXVII

"Mas," você diz, "não consigo compreender tudo isso de uma vez."

Ora, quem lhe disse que seus poderes são iguais aos de Deus? No entanto, Deus colocou ao lado de cada um de nós um Espírito Guardião, encarregado de velar por nós — um Guardião que não dorme nem pode ser enganado. Pois de que melhor maneira Ele poderia cuidar de cada um de nós? Portanto, quando você fecha as portas e cria certa escuridão, lembre-se de nunca dizer que está sozinho: pois você não está sozinho. Deus está dentro de você, e o seu Espírito Guardião zela por ti: de que luz eles precisam para ver o que você faz? A este Deus, você também deveria jurar lealdade, assim como os soldados fazem para com César. Eles, quando seus serviços são contratados, juram considerar a vida de César mais valiosa do que qualquer outra coisa: e você não fará o seu juramento, considerado digno de tantas dádivas magníficas? Não cumprirá com ele depois de tê-lo feito? E que juramento você fará? O de nunca desobedecer, nunca acusar ou falar contra qualquer coisa que venha das mãos Dele; nunca fazer nada de má vontade e nunca sofrer pelo que as circunstâncias impõem.

"Este juramento é como o dos soldados?"

Eles juram que não têm nada de mais valioso do que César: você, jurará não ter nada mais valioso do que a si mesmo, acima de tudo.

ESCRITOS DE OURO

XXXVIII

"Como meu irmão deixará de ficar zangado comigo?"
Traga-o até mim, e eu direi a ele. Mas, quanto a você, não tenho nada a dizer sobre a raiva dele.

XXXIX

Quando alguém buscou o conselho de Epiteto, dizendo: "O que eu busco é, mesmo que meu irmão não se reconcilie comigo, uma maneira de permanecer como a Natureza gostaria que eu fosse." E ele respondeu: "Todas as coisas grandes crescem lentamente; sim, isso é verdade até mesmo de uma uva ou de uma figueira. Se você me disser agora, eu desejo uma figueira, eu vou responder, ela precisa de tempo: espere até que ela floresça primeiro, depois que dê frutos e amadureça. Enquanto o fruto da figueira não amadurece subitamente nem em uma única hora, você, no entanto, deseja colher tão rapidamente e facilmente o fruto da mente do homem? — Não espere tal coisa, mesmo que eu lhe ordene!"

XL

Epafrodito tinha um sapateiro que ele vendeu como sendo inútil. Este homem, por algum acidente, foi posteriormente comprado por um dos homens de César e tornou-se sapateiro de César. Você deveria ter visto o respeito que Epafrodito lhe prestou na época. "Como está o bom Felicion? Deixe-me saber!" E se alguém de nós perguntasse: "O que Epafrodito está fazendo?" a resposta era: "Ele está consultando sobre tal e tal assunto com Felicion." Ele não o tinha vendido como sendo inútil? Quem o teria convertido tão rapidamente em um sábio? Isso é o que acontece quando se dá importância a algo além das coisas que dependem da Vontade.

XLI

O que você evita suportar a si mesmo, não tente impor aos outros. Você evita a escravidão — tenha cuidado para não escravizar os outros! Se você pode suportar fazer isso, alguém poderia pensar que você já foi escravo um dia. Pois o vício não tem nada em comum com a virtude, nem a liberdade com a escravidão.

XLII

Um homem foi elevado ao tribunato? Todos que ele encontra o parabenizam. Um o beija nos olhos, outro no pescoço, enquanto os escravos beijam suas mãos. Ele vai para casa e encontra tochas acesas; ele sobe ao Capitólio para fazer sacrifícios. — Quem já fez sacrifícios por ter desejos corretos; por ter concebido inclinações conforme a Natureza desejava? Na verdade, agradecemos aos Deuses pelo que colocamos como nossa felicidade.

XLIII

Hoje um homem estava me falando sobre o sacerdócio de Augusto. Eu lhe disse: "Deixe isso para lá, meu bom senhor; você gastará muito sem propósito."

Ele respondeu: "Bem, mas meu nome será inserido em todos os documentos e contratos."

Eu disse: "Você estará lá para dizer àqueles que os leem: 'Este é o meu nome escrito aqui?' E mesmo que você pudesse estar lá em todos os casos, o que fará quando estiver morto?"

Ele continuou: "Pelo menos meu nome permanecerá escrito."

Eu disse: "Inscrições em pedra também permanecerão igualmente inscritas. Pense, além de Nicópolis, que memória haverá de você?"

Ele disse: "Mas terei uma coroa de ouro para usar."

Eu respondi: "Se deseja uma coroa, pegue uma de rosas e a coloque; ficará mais elegante!"

XLIV

Acima de tudo, lembre-se de que a porta está sempre aberta. Não seja mais temeroso do que as crianças; mas, como elas, quando se cansam do jogo, dizem: "Não brincarei mais", você, estando na mesma situação, deve dizer: "Não brincarei mais" e ir embora. Porém se ficar, não lamente.

XLV

Há fumaça no quarto? Se houver pouca, eu permaneço; se houver muita, eu saio. Você deve lembrar-se disso e manter tal pensamento fixo, pois a porta permanece aberta.

"Você não vai morar em Nicópolis!"

Está bem.

"Nem em Atenas."

Então também não morarei em Atenas.

"Nem em Roma."

Nem em Roma.

"Você vai morar em Gyara!"

Está bem: mas morar em Gyara não me parece algo ruim: meu destino final é um lugar onde ninguém pode me impedir de morar: aquela habitação está aberta para todos! Quanto ao último traje de todos, o nosso humilde corpo, além dele, ninguém pode fazer nada comigo. Isso é o que Demétrio disse a Nero: "Você me ameaça com a morte, e a Natureza te ameaça!"

XLVI

O início da filosofia é conhecer a condição de sua própria mente. Se um homem reconhece que sua mente está em estado frágil, ele não tentará aplicá-la a questões de suma importância. Porém, como acontece muito, homens que não estão aptos nem para engolir um único pedaço, compram tratados inteiros e tentam devorá-los. Consequentemente, acabam regurgitando-os ou sofrendo de indigestão, o que lhes gera dor, refluxo e febre. Em vez disso, deveriam ter parado para considerar sua capacidade.

XLVII

Em teoria, é fácil convencer uma pessoa ignorante; na vida real, os homens não só se recusam a permitir-se serem convencidos, como também odeiam aquele que os convenceu. Contudo, Sócrates costumava dizer que nunca devemos levar uma vida sem sujeitá-la ao exame.

XLVIII

Essa é a razão pela qual Sócrates, quando lembrado de que deveria se preparar para seu julgamento, respondeu: "Tu não achas que estive me preparando para isso toda a minha vida?"

"De que forma?"

"Eu mantive aquilo que mora dentro de mim!"

"Como assim?"

"Nunca, secreta ou abertamente, fiz mal a ninguém."

XLIX

Em que caráter tu te apresentas agora? Como uma testemunha convocada por Deus. "Vem", diz Deus, "e testemunha por mim, pois és digno de ser apresentado como tal. Pode algo que está fora de tua vontade ser bom ou mau? Prejudiquei alguém? Coloquei a bondade alheia no poder de terceiros? Que testemunho tu prestas a Deus?"

"Estou em um mau estado, Mestre, estou perdido! Ninguém se importa comigo, ninguém me dá nada: todos me culpam, todos falam mal de mim."

EPITETO

É este o testemunho que tu queres dar e desonrar a convocação com a qual Ele te chamou, quando Ele te fez tão grande honra e te considerou digno de ser chamado para testemunhar em uma causa tão importante?

L

Desejas que os homens falem bem de ti? Fala bem deles. E quando aprenderes a falar bem deles, tenta fazer o bem a eles; assim colherás em troca o bem que falarem de ti.

LI

Quando estiveres na presença de alguém importante, lembra-te de que o Senhor lá de cima pode ver o que está acontecendo, e que deves agradá-lo mais do que aos homens. Ele então te pergunta: "Nas Escolas, o que chamaste de exílio, de prisão, de correntes, de morte e de vergonha?"

"Chamei-as de coisas indiferentes."

"Elas mudaram de alguma forma?"

"Não."

"Tu então é que mudaste?"

"Não."

"Diz, então, o que são coisas indiferentes?"

"São coisas que não estão em nosso poder."

"Diz, então, o que se segue?"

ESCRITOS DE OURO

"Que coisas que não estão em nosso poder não significam nada para mim."

"Diz também sobre as coisas as quais consideras boas."

"A vontade tal como deveria ser, e o uso correto de nossos sentidos."

"E qual é o fim disso?"

"Seguir a Ti!"

LII

"Pobre de Sócrates ter sido tratado da maneira que foi pelos atenienses!"

Escravo! Por que dizes "Sócrates"? Fala das coisas como elas são: como o pobre corpo de Sócrates foi arrastado e levado à força para a prisão! Como o corpo de Sócrates foi dado à cicuta e que esse cheiro tenha dominado seu último suspiro! Isso te espanta? Achas isso injusto? É por isso que falas mal de Deus? Sócrates não teve nenhuma compensação por isso? Onde estava, então, o Bem ideal a ele? A quem deveríamos ouvir, a ti ou a ele? E o que ele diz?

"Ânito e Melitus podem me condenar à morte, mas prejudicar-me está além de seu poder."

E novamente:

"Se essa for a vontade de Deus, que assim seja."

LIII

Não, jovem, pelo amor de Deus; mas, depois de ouvir essas palavras, volte para casa e diga a si mesmo: "Não é

Epiteto que me disse tais coisas. Como ele poderia? Não... é algum Deus gracioso falando através dele. De outra forma, jamais lhe ocorreria falar assim, já que não é um costume seu com ninguém. Então, não fiquemos sob a ira de Deus, mas sejamos obedientes a Ele." — Na verdade, se um corvo te der algum sinal com seu grasnido, não é apenas um corvo, mas Deus enviando tal sinal por meio dele. E se Ele te comunicar algo por meio de uma voz humana, não fará com que o homem diga essas palavras a fim de que reconheça o poder do Divino — como Ele envia um sinal para alguns de uma maneira e para outros de outra, e nos assuntos maiores e mais elevados de todos significa Sua vontade através do mais nobre mensageiro?

O que mais o poeta quis dizer?

"Falei com ele antes, pessoalmente, e enviei Hermes, o Brilhante, para impedi-lo e adverti-lo, para que não matasse o marido e nem cortejasse a esposa."

LV

Da mesma forma, meu amigo Heráclito, que passava por uma insignificante disputa sobre uma pequena fazenda em Rodes, primeiro mostrou aos juízes que sua causa era justa e, ao final, exclamou: "Não suplicarei a vocês, nem me importo com a sentença que proferirem. São vocês que estão sendo julgados, não eu!" — e assim encerrou o caso.

LV

Quanto a nós, nos comportamos como uma manada de cervos. Quando fogem assustados das flechas do caçador, que direção tomam? Que refúgio buscam? Bem, eles se lançam nas redes! E assim perecem confundindo o que deveriam temer com aquilo onde não existe perigo. Não se deve temer a morte ou a dor, mas o medo da morte ou da dor. Bem disse o poeta, portanto:

A morte não aterroriza; apenas uma morte vergonhosa!

LVI

Como pode ser, então, que certas coisas externas sejam consideradas naturais e outras contrárias à Natureza?

Bem, isso é dito como se estivéssemos sozinhos e separados dos outros. Um pé, por exemplo, permitirei que seja natural estar limpo. Mas se o consideras como um pé e como algo que não existe por si só, ele poderá pisar na lama, pisar em espinhos e, às vezes, até ser cortado, para benefício do corpo inteiro. Do contrário, ele já não é mais um pé. De alguma forma, devemos nos conceber da mesma maneira. O que és? — Um homem. Considerado como alguém independente e separado, é natural que, na saúde e riqueza, viva por muito tempo. Mas considerado como parte de um todo, é por amor a esse todo que em um momento você pode adoecer, em outro enfrentar os perigos do mar, novamente, experimentar a privação e talvez até morrer cedo. Por que então se lamentar? Não sabes que, assim como o pé deixa de ser um pé quando se separa do corpo, do mesmo modo, em um caso semelhante, você deixa de ser um Homem? Pois o que é um Homem? Uma parte de uma Cidade: primeiro da Cidade dos Deuses e dos Homens; em seguida, daquilo que está mais próximo, uma miniatura da Cidade universal. Em um corpo desse tipo, em um mundo que nos envolve, entre vidas como estas, essas coisas devem acontecer a um ou a outro. Portanto, tendo sua parte aqui, cabe a você falar sobre essas coisas da maneira adequada e ordená-las como convém ao assunto.

LVII

Foi uma boa resposta que Diógenes deu a um homem que lhe pediu cartas de recomendação: "Ele saberá que és um homem quando te ver; se és bom ou mau, ele saberá se tem habilidade para discernir o bem do mal. Mas, se não a tem, jamais saberá, mesmo que eu lhe escreva mil vezes." É como se uma moeda de prata desejasse ser recomendada a alguém para ser testada. Se a pessoa for um bom juiz da prata, ela saberá; a moeda falará por si mesma.

LVIII

Assim como o viajante pede direções a quem encontra, inclinado de forma alguma a virar à direita em vez da esquerda (pois ele deseja apenas o caminho que o leva para onde quer ir), assim devemos nos aproximar de Deus como um guia; assim como usamos nossos olhos sem adverti-los a nos mostrar algumas coisas em vez de outras, mas satisfeitos em receber as imagens das coisas que nos são apresentadas. Mas como estamos ansiosos observando a vítima, e com voz de súplica clamando pelo adivinho: "Mestre, tenha piedade de mim; conceda-me um caminho de escape!" Escravo, você deseja algo que não seja o melhor? Existe algo melhor do que a vontade de Deus? Bem, até onde está em você, por que você deseja corromper seu Juiz e levar seu Conselheiro ao erro?

LIX

Deus é benevolente. Mas o Bem também é benevolente. Portanto, parece que onde está a verdadeira natureza de Deus, ali está a verdadeira natureza do Bem. Qual é, então, a verdadeira natureza de Deus? Inteligência, Conhecimento, Razão Correta. Portanto, sem mais delongas, busque a verdadeira natureza do Bem. Pois certamente não a procuras em uma planta ou em um animal que não possui raciocínio.

LX

Procure então a verdadeira natureza do Bem naquilo sem o qual não admites a existência do Bem em qualquer outra coisa. — O que acontece com essas outras coisas também são obras de Deus? — São; mas não são dignas de honra, nem são partes de Deus. Mas você é algo digno de honra: você é uma parte arrancada de Deus. Você tem uma parte Dele dentro de você. Então, por que você não reconhece sua alta linhagem, não sabe de onde vem? Quando você come, não se lembrará de quem é que come e a quem alimenta? Em sua interação, em seu exercício, em suas discussões, você não percebe que está alimentando um Deus, exercitando um Deus, carregando um Deus com você, ó miserável! E você não percebe. Você acha que estou falando de um Deus de prata ou ouro que está fora de você? Não, você carrega Deus dentro de si! Inconsciente, você O polui com pensamentos impuros e ações impuras. Se uma imagem de Deus estivesse presente, você não ousaria agir como age, mas, quando Deus próprio está presente dentro de você, observando e ouvindo tudo, você não tem vergonha de pensar tais pensamentos e realizar tais ações. Ó tu, que és insensível à tua própria natureza e que estás sob a ira de Deus!

LXI

Então, por que temos medo quando enviamos um jovem das escolas para a vida ativa, com medo de que ele possa satisfazer seus apetites intemperadamente, de que possa se degradar com roupas em farrapos, ou de que possa se envaidecer com trajes finos? Ele não conhece o Deus dentro de si? Ele não sabe com quem está começando sua jornada? Temos paciência para ouvi-lo dizer: Queria que você estivesse comigo! — Não tens Deus onde estás, e tendo-O, ainda buscas por qualquer outro? Ele te diria alguma coisa diferente dessas? Por que, quando você é uma estátua de Fídias, uma Atena ou um Zeus, lembraria de você mesmo e de seu artífice; e, se tivesse algum bom senso, se esforçaria para não desonrar a si mesmo ou àquele que te moldou, nem aparecer diante dos observadores de maneira inadequada. Mas agora, porque Deus é teu Criador, é por isso que você não se importa com a maneira como vai mostrar ser? No entanto, como são diferentes os artistas e suas obras! Que obra de arte de um artista humano, por exemplo, possui as faculdades que são exibidas em sua formação? É algo além de mármore, bronze, ouro ou marfim? Não, quando a Atena de Fídias estendeu a mão e recebeu uma Vitória, nessa atitude ela fica para sempre. Mas as obras de Deus se movem e respiram; elas usam e julgam as coisas sensíveis. A obra de tal Artista, você a desonraria? Sim, quando Ele não só te moldou, mas te entregou, como um tutelado, ao cuidado e à tutela somente de si mesmo, esquecerás não só disso, mas também desonrarás o que está sob o teu cuidado! Se Deus tivesse confiado a ti um órfão, terias negligenciado assim? Ele te entregou ao teu próprio cuidado, dizendo: "Não tive ninguém mais fiel do que eu mesmo. Mantém este homem para mim da forma como a Natureza o fez: modesto, fiel, de grande alma, estranho ao medo, à paixão, à perturbação..."

Assim me mostrarei a todos vocês. — "O que, isento de doenças também? Isento de idade, de morte?" — Não, mas aceitando a doença, aceitando a morte como convém a um Deus!

LXII

Nenhum trabalho, de acordo com Diógenes, é bom a não ser aquele que visa a produzir coragem e força da alma, em vez de força do corpo.

LXIII

Um guia, ao encontrar um homem que se perdeu, o reconduz ao caminho certo — ele não zomba, não ri dele e depois vai embora. Você também, deve mostrar a verdade ao ignorante, e verá que ele acabará seguindo-o. Mas, enquanto não puder mostrar isso a ele, você não deve zombá-lo, e sim reconhecer sua própria incapacidade.

LXIV

A indispensável e mais marcante característica de Sócrates foi a de nunca se exaltar em uma conversa, nunca proferir *uma* palavra injuriosa ou ofensiva. Pelo contrário, ele pacientemente suportava os insultos dos outros e assim encerrava a disputa. Se você quiser saber sobre a extensão de seu poder nessa direção, leia o *Banquete*, de Xenofonte, e verá em quantas brigas ele pôs fim. É por isso que os poetas estão certos ao elogiarem tanto essa habilidade:

> *Rapidamente e com sabedoria, mesmo amargas inimizades ele resolveria.*

No entanto, essa prática não é muito segura no momento, especialmente em Roma. Aquele que a adotar, não preciso nem dizer, não deve executá-la em cantos obscuros, mas sim abordá-la corajosamente, se a ocasião surgir, visando alguma pessoa de destaque ou riqueza:

"Pode me dizer, senhor, a quem confia os seus cavalos?"

"Posso."

"Seria ao primeiro que aparece, que nada sabe sobre eles?"

"Certamente que não."

ESCRITOS DE OURO

"E o homem que cuida do seu ouro, da sua prata ou das suas roupas?"

"Ele também deve ter experiência."

"E quanto ao seu corpo, você já pensou em confiá-lo ao cuidado de alguém?"

"Claro que sim."

"E essas coisas são as melhores que você possui, ou você tem algo mais precioso?"

"O que você quer dizer?"

"Quero dizer que você utiliza essas coisas; que dá peso a todas elas; que toma conselhos e decisões."

"Oh, você quer dizer a alma."

"Você me entende bem, eu quero dizer a alma. Pela Sagrada Deusa, eu a considero muito mais preciosa do que tudo o que possuo. Você pode me mostrar então qual cuidado você dá a uma alma? Pois dificilmente se pode pensar que um homem de sua sabedoria e consideração na cidade permitiria que sua posse mais preciosa se arruinasse por negligência e descuido."

"Certamente que não."

"Bem, você cuida dela você mesmo? Alguém lhe ensinou o método correto, ou você mesmo descobriu?"

Aqui entra o perigo: primeiro, o grande homem pode responder: "Por que isso é algo que lhe diz respeito, meu bom companheiro? Você é meu mestre?" E então, se continuar a incomodá-lo, ele pode levantar a mão para lhe bater. É uma prática da qual eu era um admirador entusiasmado, até experiências como essas acontecerem comigo.

LXV

Quando um jovem se dava ares no Teatro e dizia: "Sou sábio, pois conversei com muitos sábios", Epiteto respondeu: "Eu também conversei com muitos ricos, mas não sou rico!"

LXVI

Vemos que um carpinteiro se torna carpinteiro ao aprender certas coisas; que um piloto, também aprendendo certas coisas, torna-se piloto. Possivelmente, no caso presente, o mero desejo de se tornar sábio e bom não é suficiente. É necessário aprender certas coisas. Esse é o objeto de nossa busca. Os filósofos nos ensinam, em primeiro lugar, que há um Deus e que Sua Providência direciona o Universo; que é impossível esconder Dele não apenas nossos atos, mas até mesmo nossos pensamentos e intenções. Em segundo lugar, eles nos ensinam qual é a natureza de Deus. Qualquer que seja a natureza que se descubra, o homem que deseja agradar e obedecer a Ele deve esforçar-se ao máximo para se tornar semelhante a Ele. Se o Divino é fiel, ele também deve ser fiel; se é livre, ele também deve ser livre; se é benévolo, ele também deve ser benévolo; se é magnânimo, ele também deve ser magnânimo. Assim, como imitador de Deus, ele deve segui-Lo em todas as ações e palavras.

LXVII

Se eu mostrar a você que carece daquilo que é mais importante e necessário para a felicidade, que até agora sua atenção

ESCRITOS DE OURO

foi direcionada para tudo, menos para aquilo que mais a reivindica; e, para coroar tudo, que não sabe o que Deus ou o Homem é — nem o que é o Bem ou o Mal — por que você é ignorante de tudo o mais, talvez você possa suportar ser informado; mas, ao ouvir que não sabe nada sobre si mesmo, como poderia suportá-lo? Como poderia se manter firme e permitir que isso lhe fosse provado? Claramente, de jeito nenhum. Você se afastaria imediatamente com raiva. No entanto, que mal eu lhe fiz? A menos que, claro, o espelho prejudique a pessoa feia ao mostrar-lhe exatamente como ela é; a menos que o médico possa ser considerado grosseiro com seu paciente quando lhe diz: "Amigo, supõe que não há nada de errado com você? Por quê, você tem uma febre. Não coma nada hoje e beba apenas água." No entanto, ninguém diz: "Que insulto insuportável!" Porém, se você disser a alguém: "Seus desejos estão inflamados, seus instintos de rejeição são fracos e baixos, seus objetivos são inconsistentes, seus impulsos não estão em harmonia com a Natureza, suas opiniões são ousadas e falsas", ele imediatamente vai embora e reclama que você o insultou.

LXVIII

Nossa forma de vida se assemelha a uma feira. Os rebanhos e manadas estão passando para serem vendidos, e a maior parte da multidão para comprar e vender. Mas há alguns poucos que vêm apenas para olhar a feira, para perguntar como e por que ela está sendo realizada, com que autoridade e com que objetivo. Portanto, nesta grande Feira da vida, alguns, como o gado, se preocupam apenas com a comida. Saibam todos que, vocês, ocupados com a terra, os escravos e os cargos públicos, que tais coisas são apenas comida! Alguns poucos frequentam a Feira e amam contemplar o que o mundo é, quem o administra. Poderia não haver um Administrador? É possível que, enquanto nem cidade nem casa possam suportar nem um momento sem alguém para administrar e cuidar de seu bem-estar, este Edifício, tão belo, tão vasto, seja administrado de maneira tão harmoniosa, sem propósito e pelo acaso cego? Portanto, há um Administrador. Qual é a Sua natureza e como Ele administra? Quem somos nós, Seus filhos, e que trabalho nascemos para realizar? Temos alguma ligação ou relação íntima com Ele ou não?

Tais são as impressões dos poucos dos quais falo. E além disso, eles se dedicam exclusivamente a considerar e examinar a grande assembleia antes de partirem. Bem, eles são zombados pela multidão. Assim como os espectadores são zombados pelos comerciantes: sim, e se as bestas tivessem algum senso, zombariam daqueles que pensam muito em qualquer coisa, exceto comida!

LXIX

Agora entendo o que nunca soube antes: o significado do provérbio comum, "um tolo não se pode dobrar nem quebrar". Que Deus me livre de ter um sábio tolo como amigo! Não há nada mais intratável. "Minha resolução está firme!" — Por que, então, os loucos dizem isso também? Mas, quanto mais firmemente acreditam em suas ilusões, mais precisam de tratamento.

LXX

"Ah, quando verei Atenas e sua Acrópole novamente?" — Homem miserável! Não estás satisfeito com as visões diárias que teus olhos contemplam? Podes contemplar algo maior ou mais nobre do que o Sol, a Lua e as Estrelas? Do que a Terra e o Mar? Se, de fato, percebes Aquele que administra o universo, se o carregas dentro de ti, podes ainda ansiar por meros fragmentos de pedra e rocha fina? Quando estiveres prestes a se despedir do próprio Sol e da Lua, sentarás e chorarás como uma criança? Por que, o que ouviste, o que aprendeste? Por que te registraste como filósofo, quando poderias ter registrado o que era fato, a saber: "Fiz um ou dois compêndios, li algumas obras de Crisipo e nem sequer toquei na orla da túnica da Filosofia!"

LXXI

Amigo, agarra com firmeza, antes que seja tarde demais, a Liberdade, a Tranquilidade, a Grandeza de Alma! Ergue a cabeça como alguém que escapou da escravidão; ousa olhar para Deus e dizer: "Lida comigo daqui em diante como desejares; Tu e eu estamos de acordo. Sou Teu: não recuso nada que pareça bem a Ti. Leva-me para onde desejares; veste-me com a roupa que quiseres; queres que eu seja governante ou súdito? Que eu esteja em casa ou no exílio? Pobre ou rico? Justificarei todas essas escolhas perante os homens por Tua causa. Mostrarei a verdadeira natureza de cada uma..."

O que teria sido de Hércules se ele tivesse ficado em casa? Não seria Hércules, mas Euristeu. E em suas viagens pelo mundo, quantos amigos e camaradas ele encontrou? Mas, nada era mais caro para ele do que Deus. Portanto, ele era considerado o filho de Deus, como de fato era. Portanto, em obediência a Ele, ele percorreu a Terra libertando-a da injustiça e da ilegalidade.

"Mas tu não és Hércules," dizes tu, "e não podes libertar os outros de sua iniquidade; nem mesmo és Teseu, para libertar o solo da Ática de seus monstros?" Purifica-te do teu próprio, expulsa-o dali; da tua própria mente, não de ladrões e monstros, mas do Medo, do Desejo, da Inveja, da Malignidade, da Avareza, da Efemeridade, da Intemperança. Estes não podem ser expulsos, exceto olhando apenas para Deus, fixando tuas afeições somente n'Ele e consagrando-te a Seus mandamentos. Se escolheres qualquer outra coisa, com suspiros e gemidos, serás forçado a seguir um Poder maior que o teu, sempre buscando Tranquilidade no exterior e nunca conseguindo alcançá-la, pois procuras onde ela não pode ser encontrada; e onde ela está, não a procuras!

LXXII

Se alguém deseja seguir a Filosofia, seu primeiro dever é afastar-se da presunção, pois é impossível começar a aprender quando se acredita que já se sabe tudo.

LXXIII

Mostra-me apenas *um* jovem que tenha vindo à Escola com essa intenção, que se erga como o campeão dessa causa e diga: "Renuncio a tudo o mais; contento-me se conseguir passar a

ESCRITOS DE OURO

vida livre de obstáculos e problemas, erguer minha cabeça e enfrentar todas as coisas como um homem livre, olhar para o céu como amigo de Deus, sem temer nada que possa acontecer!" Aponta-me tal pessoa para que eu possa dizer: "Entre, jovem, e tome posse do que é teu, pois o teu destino é adornar a Filosofia. Teus são esses bens; teus são esses livros, esses discursos!"

E quando nosso campeão tiver exercitado adequadamente nessa parte do assunto, espero que ele volte para mim e diga: "O que desejo é estar livre de paixões e perturbações; como alguém que não se poupa na busca da piedade e da filosofia, o que desejo é conhecer meu dever para com os deuses, meus deveres para com meus pais, meus irmãos, minha pátria, e para com os estrangeiros."

"Então entre na segunda parte do assunto; ela também é tua."

"Mas já dominei a segunda parte; apenas desejo permanecer firme e inabalável — firme quando estiver dormindo como quando estiver acordado, firme quando estiver embriagado como quando estiver em desânimo e desalento."

"Amigo, tu és verdadeiramente um deus! Tu nutres grandes desígnios."

LXXIV

"A questão em jogo", disse Epiteto, "não é comum; é esta: estamos em nosso juízo perfeito, ou não?"

EPITETO

LXXV

Se você cedeu à raiva, tenha certeza de que, além do mal envolvido, você fortaleceu o hábito e adicionou combustível ao fogo. Se for vencido por uma tentação da carne, não considere tal como uma única derrota, mas sim como um reforço de seus hábitos dissolutos. Hábitos e faculdades são necessariamente afetados pelos atos correspondentes. Aqueles que não estavam lá antes aparecem: os demais ganham em força e extensão. Esta é a explicação que os filósofos dão sobre a origem das doenças da mente: suponha que você tenha cobiçado dinheiro uma vez; se houver juízo suficiente para perceber que o mal está rondando, então a cobiça é controlada, e a mente recupera imediatamente sua autoridade original; no entanto, se não recorrer de nenhuma forma, não terá como esperar por esse retorno imediato - pelo contrário: da próxima vez que tal situação eufórica acontecer novamente, a chama do desejo se acenderá mais rapidamente do que antes. Com repetição frequente, a mente, a longo prazo, se torna insensível; assim, a avareza confirmadamente torna-se uma doença da mente.

Aquele que teve febre, mesmo após o alívio dela, não está na mesma condição de saúde que antes, a menos que a cura esteja completa. Semelhantemente, isso pode também ser verdade para as doenças mentais. Fica para trás uma herança, vestígios e pequenas saliências: e a menos que sejam tratados eficazmente, golpes posteriores no mesmo local não produzirão apenas vergões inofensivos, e sim feridas. Se você não deseja ser propenso à raiva, não alimente tal hábito; não lhe dê nada que possa instigá-la. A princípio, mantenha-se calmo, e mantenha um cálculo dos dias em que não passou raiva: "Costumava ficar

ESCRITOS DE OURO

com raiva todos os dias, depois a cada dois dias, depois a cada três dias!", e se você conseguir passar trinta dias tranquilamente, ofereça sacrifícios aos deuses em agradecimento.

LXXVI

Então, como isso pode ser alcançado? Agora mesmo, como nunca antes, decida aprovar a si mesmo; decida mostrar-se justo aos olhos de Deus; anseie por ser puro consigo mesmo e com Deus!

LXXVII

Este é o verdadeiro atleta, aquele que treina para resistir a tais impressões externas como essas.

"Espere, homem miserável! Não te deixes levar!" Grande é o combate, divina é a tarefa! Você está lutando pela Realeza, pela Liberdade, pela Felicidade, pela Tranquilidade. Lembre-se de Deus: invoque-o para ajudá-lo, como um camarada que está ao seu lado na luta.

LXXVIII

Quem, então, é um estoico, no sentido em que chamamos uma estátua de Fídias, que é modelada após a arte desse mestre? Mostre-me um homem nesse sentido, moldado pelas doutrinas que estão sempre fixas em seus lábios. Mostre-me um homem que está doente, e feliz; um exilado feliz; um difamado feliz! Mostre-me tal pessoa, eu peço novamente. Juro por Deus anseio pelo dia em que verei um estoico! Mas, se você não conseguir alguém totalmente moldado ao estoicismo, deixe-me pelo menos ver um exemplo de alguém passando pelo processo de tornar-se um — alguém cuja inclinação esteja nessa direção. Faça-me esse favor! Não negue isso a um velho: ter a visão de algo que ele nunca viu antes. Acha que quero ver Zeus ou Atena de Fídias, enfeitados com ouro e marfim? — Não! Mostre-me um de vocês, uma alma humana que deseja estar em harmonia com Deus, que não culpa o Divino de nada, os homens de nada, que com nada sofre, com nada se decepciona, com nada se contraria, não cede à raiva, inveja ou ciúmes. Alguém que de um homem quer se tornar um deus; alguém que, ainda preso a este corpo, faz da comunhão com Deus o seu objetivo. Mostre-me tal! — Ah, você não consegue! Então por que zombam de si mesmos e enganam os outros? Por que andam por aí vestidos com trajes alheios, ladrões e impostores que nomeiam doutrinas às quais não podem fazer jus?

LXXIX

Se assumimos um personagem além de nossa capacidade, desempenhamos um papel infeliz e fraco, negligenciando aquele que estaria ao seu alcance.

LXXX

Companheiro, você se envolveu em brigas com um escravo em sua casa: virou seu lar de cabeça para baixo e causou con-

ESCRITOS DE OURO

fusão na vizinhança; e então, você vem até mim com ares de modéstia fingida — você se senta como um sábio e critica minha explicação das leituras; critica e minhas tagarelices vazias, as quais diz que surgiram do nada em minha mente? Você veio cheio de inveja e abatido porque nada é enviado para você de casa; e enquanto uma discussão está acontecendo, você senta e medita sobre nada além de como seu pai ou seu irmão se sentem em relação a você: "O que eles estão dizendo sobre mim lá? Neste momento eles imaginam que estou progredindo e dizem: ele voltará perfeitamente onisciente! Eu gostaria de me tornar onisciente antes de voltar; mas isso seria muito problemático. Ninguém me envia nada — os banhos em Nicópolis estão sujos; as coisas são péssimas em casa e péssimas aqui. E então eles dizem: "Ninguém se beneficia com a Escola filosófica". — Quem vem à Escola com o sincero desejo de aprender, de submeter seus princípios à correção e a si mesmo ao tratamento? Quem, para obter uma noção de suas necessidades? Por que, então, fica surpreso ao perceber que leva para casa exatamente o que trouxe para a Escola?

LXXXI

"Epiteto, muitas vezes vim querendo ouvi-lo falar, e você nunca me deu nenhuma resposta; agora, se possível, eu te suplico, dê-me algum conselho."

"Há, você acha", respondeu Epiteto, "uma correspondência entre a arte de falar e as demais artes, como se fosse algo feito habilmente e sempre prazeroso para quem tal coisa contempla?"

"Sim."

EPITETO

"E todos se beneficiam com o que ouvem, ou apenas alguns? Portanto, parece que há também uma arte de ouvir, assim como a de falar... Para construir uma estátua, é preciso habilidade; para apreciar uma estátua adequadamente, também é preciso habilidade."

"Concordo."

"E eu acredito que todos concordarão que, ao propor-se a ouvir o que dizem os filósofos, é preciso receber um treinamento considerável na arte de ouvir. Não é assim? Então, diga-me sobre que assunto você é capaz de ouvir."

"Será que sabemos o que é o Homem? Qual é sua natureza? Qual é a ideia que temos dele? E nossos ouvidos são treinados de alguma forma no assunto? Na verdade, você entende o que é a Natureza? Você entende o que é Demonstração? O que é Verdadeiro ou Falso? Eu tenho que te levar pelas mãos à Filosofia? Mostre-me o que de bom eu posso fazer discutindo com você. Desperte meu desejo de fazer isso. A visão de um pasto que um carneiro ama desperta nele o desejo de se alimentar: mostre-lhe uma pedra ou um pedaço de pão e ele permanece imóvel. Nós também temos certos desejos naturais, sim, e um que nos instiga a falar quando encontramos um ouvinte que vale a pena. Mas, se ele se senta como uma pedra, como poderia despertar o desejo de um homem?""Então você não vai me dizer nada?"

"Só posso dizer isso: que alguém que não sabe quem ele é e para que fim nasceu, não sabe que tipo de mundo é este e com quem ele está associado nele; alguém que não pode distinguir o Bem do Mal, a Beleza da Feiura, a Verdade da Falsidade, nunca seguirá a Razão para moldar

ESCRITOS DE OURO

seus desejos, impulsos e repulsas, e nem mesmo em assentimento, negação ou suspensão de juízo; mas irá, resumindo, andar por aí surdo e cego, pensando que é de fato alguma coisa, quando na verdade não é nada, de forma alguma. Isso por acaso é novidade? Não é a ignorância a causa de todos os erros e infortúnios dos homens desde que a raça humana nasceu?"

"Isso é tudo o que tenho a dizer a você, e até mesmo contra a corrente. Por quê? Porque você não moveu meu espírito. Pois, o que posso eu ver em você que despertará meu movimento, se cavalos selvagens não se movem nem quando requisitados por pessoas experientes? Olhe para si. Você maltrata seu corpo. Sua roupa? Ah, é luxuosa. Seu comportamento, seu olhar? Vazios. Quando você quiser ouvir um filósofo, não diga: "Você não me dá nenhum conselho"; apenas mostre-se digno ou apto para a escuta ativa, e então verá como o orador se sentirá instigado."

LXXXII

E agora, quando você vê irmãos aparentemente bons amigos e vivendo em harmonia, não pronuncie imediatamente nada sobre sua amizade, embora eles a afirmem com um juramento, embora declarem: "Para nós, viver separados é impossível!" Pois o coração de um homem mau é infiel, sem princípios, inconstante: agora dominado por uma impressão, agora por outra. Não faça as perguntas habituais: se eles nasceram dos mesmos pais, foram criados juntos e

EPITETO

sob o mesmo tutor; mas pergunte apenas isso, em que eles colocam seu real interesse — se em coisas exteriores ou na Vontade. Se for em coisas exteriores, não os chame de amigos, assim como não os chame de fiéis, constantes, corajosos ou livres: não os chame sequer de seres humanos, se você tiver algum senso... Mas se você ouvir que esses homens consideram o Bem como existente apenas na Vontade, apenas em lidar corretamente com as coisas sensíveis, não se incomode mais em perguntar se eles são pai e filho, irmãos ou camaradas de longa data; mas, certamente disso, afirme ousadamente que eles são amigos, assim como são fiéis e justos: pois onde mais pode a Amizade ser encontrada senão onde existe Modéstia, onde há uma troca de coisas justas e honestas, e somente disso?

LXXXIII

Nenhum homem pode nos roubar de nossa Vontade — nenhum homem pode dominá-la!

LXXXIV

Quando a doença e a morte me alcançarem, eu gostaria de ser encontrado envolvido na tarefa de liberar minha própria Vontade dos ataques da paixão, do impedimento, do ressentimento, da escravidão. Assim eu gostaria de ser encontrado ocupado, para que eu possa dizer a Deus: "Eu de alguma forma transgredi Teus mandamentos? Em algo distorci as faculdades, os sentidos, os princípios naturais que me deste? Alguma vez Te culpei ou encontrei falhas em Tua administração? Quando foi Tua vontade, eu fiquei doente — e também outros homens: com minha vontade consenti. Porque foi Tua vontade, tornei-me pobre: mas meu coração se alegrou. Nenhum poder no Estado era meu, porque Tu não querias: tal poder eu nunca desejei! Alguma vez me viste com semblante mais sombrio por isso? Não me aproximei sempre de Ti com semblante alegre, aguardando Teus comandos, atento a Teus sinais? Tu desejas que agora eu parta da grande Assembleia dos homens? Eu vou: agradeço a Ti por me considerares digno de participar Contigo nesta Assembleia: por contemplar Tuas obras, por compreender esta Tua administração."

Esses são os pensamentos, a pena, o estudo que eu gostaria que ocupassem minha mente quando a morte me alcançar.

LXXXV

Não lhe parece nada nunca acusar, nunca culpar a Deus ou o Homem? usar sempre a mesma expressão ao sair como ao entrar? Este era o segredo de Sócrates: no entanto, ele nunca disse que sabia ou ensinava alguma coisa... Quem dentre vocês faz disso seu objetivo? Se fosse realmente assim, você suportaria alegremente a doença, a fome, sim, até mesmo a morte.

LXXXVI

Como somos constituídos pela Natureza? Para ser livres, para ser nobres, para ser modestos (pois que outro ser vivo é capaz de corar ou sentir a impressão da vergonha?) e para subordinar o prazer aos fins para os quais a Natureza nos projetou, como uma serva e uma ministra, a fim de estimular nossa atividade; a fim de nos manter constantes no caminho prescrito pela Natureza.

LXXXVII

O lavrador lida com a terra; os médicos e treinadores com o corpo; o homem sábio com sua própria Mente.

LXXXVIII

Quem de nós não admira o que Licurgo, o espartano, fez? Um jovem cidadão havia perdido um olho e foi entregue a ele pelo povo para ser punido a seu critério. Licurgo absteve-se de qualquer vingança, mas, pelo contrário, instruiu-o e o tornou um bom homem. Apresentando-o em público no teatro, ele disse aos surpreendidos espartanos: "Recebi este jovem de suas mãos cheio de violência e insolência descarada; eu o devolvo a vocês em seu juízo perfeito e apto para servir ao seu país."

ESCRITOS DE OURO

LXXXIX

Um cambista não pode rejeitar a moeda de César, nem o vendedor de ervas, mas, uma vez que a moeda é exibida, deve entregar o que é vendido por ela, quer queira quer não. Assim acontece também com a Alma. Uma vez que o Bem aparece, atrai a si mesmo; o mal repele. Mas uma impressão clara e certa do Bem a Alma nunca rejeitará, assim como os homens não o fazem com a moeda de César. Disso depende todo impulso, tanto do Homem quanto de Deus.

XC

Perguntado sobre o que era o Bom Senso, Epiteto respondeu:

Assim como pode ser chamado de Ouvido Comum aquele que distingue apenas os sons, enquanto aquele que distingue notas musicais não é comum, mas é produzido pelo treinamento; também há certas coisas que homens não inteiramente pervertidos veem pelos princípios naturais comuns a todos. Essa constituição da Mente é chamada de Bom Senso.

XCI

Você pode julgar os homens? Então nos faça imitadores de si mesmo, como Sócrates fez. Faça isso, não faça aquilo, senão te lançarei na prisão: isso não é governar os homens como seres racionais. Diga antes: Como Deus ordenou, assim faça; senão sofrerás castigo e perda. Perguntas qual perda? Nenhuma outra além desta: ter deixado de fazer o que deverias ter feito: ter perdido a fidelidade, a reverência, a modéstia que há em ti! Não busques maior perda do que esta!

XCII

"Seu filho está morto."

O que aconteceu?

"Seu filho está morto."

Nada mais?

"Nada."

"Seu navio está perdido."

"Ele foi arrastado para a prisão."

O que aconteceu?

"Ele foi arrastado para a prisão."

Mas que qualquer uma dessas coisas seja uma desgraça para ele, é uma adição que cada um faz por si mesmo. Mas (você diz) Deus é injusto nisso. Por quê? Por ter te dado resistência e grandeza de alma? Por ter feito com que tais coisas não sejam más? Por ter colocado a felicidade ao teu alcance, mesmo quando as suportas? Por ter aberto uma porta para ti, quando as coisas não te são favoráveis? — Parta, meu amigo, e não reclame mais!

XCIII

Você está navegando para Roma (você me diz) para obter o cargo de Governador de Cnossos. Você não está satisfeito em ficar em casa com as honras que tinha antes; você quer algo em uma escala maior e mais conspícua. Mas quando você já empreendeu uma viagem com o propósito de rever seus próprios princípios e se livrar de qualquer um deles que se mostrou insensato? Quem você já visitou com esse objetivo? Que momento você já definiu para isso? Que idade? Passe por cima dos momentos de sua vida — sozinho, se tiver vergonha diante de mim. Você examinou seus princípios quando era criança? Você não fez tudo exatamente como faz agora? Ou quando era um jovem, frequentando a escola de retórica e praticando a arte você mesmo, o que você já imaginou que estava faltando? E quando você era um jovem, ingressou na vida pública, fez discursos e ganhou nome, quem já parecia igual a você? E em que momento você teria suportado que outro examinasse seus princípios e provasse que estavam errados? O que, então, devo dizer a você? "Ajude-me neste assunto!" você clama. Ah, para isso eu não tenho regra! E nem você, se esse fosse seu objetivo, veio a mim como um filósofo, mas como poderia ter ido a um vendedor de ervas ou a um sapateiro. — "Para que servem então as regras dos filósofos?" — Bem, para que, aconteça o que acontecer, nossa faculdade de governar possa ser como a Natureza quer e assim permanecer. Você acha que isso é uma coisa pequena? Não, mas é a maior coisa que existe. Bem, isso só requer pouco tempo? Pode ser entendido por um transeunte? — agarre-o, se puder! Então você dirá: "Sim, eu conheci Epiteto!" Simplesmente você viu! e é só. Mas um homem que encontra outro é alguém que conhece a mente do outro e deixa ele ver a sua em troca. Conheça minha mente — mostre-me a sua; e então vá e diga que me encontrou. Vamos tentar um ao outro; se eu tiver algum princípio errado, livre-me dele; se você tiver, exponha-o. Isso é o que significa encontrar um filósofo. Não é isso que você pensa; esta é apenas uma visita rápida; enquanto estamos contratando o navio, também podemos ver Epiteto! Vamos ver o que ele tem a dizer. Então, ao partir, você grita: "Fora com Epiteto, um sujeito sem valor, provinciano e bárbaro de fala!" O que mais, de fato, você veio julgar?

XCIV

Quer você queira ou não, é mais pobre do que eu!

"O que então me falta?"

O que você não tem: Constância de espírito, como a Natureza gostaria que fosse: Tranquilidade. Com ou sem patrono, que me importa? mas você se importa. Sou mais rico do que você: não estou atormentado pela ansiedade sobre o que César pode pensar de mim; eu não bajulo ninguém por isso. Isso é o que tenho, em vez de vasos de ouro e prata! seus vasos podem ser de ouro, mas sua razão, seus princípios, suas opiniões aceitas, suas inclinações, seus desejos são de cerâmica.

XCV

Para você, tudo o que tem parece pequeno: para mim, tudo o que tenho parece grande. Seu desejo é insaciável, o meu está satisfeito. Veja crianças enfiando as mãos em um jarro de gargalo estreito e tentando pegar as nozes e figos que ele contém: se eles enchem a mão, não podem retirá-la, e então começam a chorar. — "Solte algumas delas e depois você poderá puxar o resto!" — Você também, deixe seu desejo ir! não cobiçe muitas coisas, e você obterá.

XCVI

Pítaco, injustiçado por alguém a quem ele tinha o poder de punir, o deixou ir livre, dizendo: *O perdão é melhor do que a vingança.* Um mostra gentileza inata, o outro mostra selvageria.

XCVII

"Meu irmão não deveria ter me tratado assim."

Verdade: mas ele deve lidar com isso. No entanto, seja como ele me trate, eu devo lidar corretamente com ele. Isso está ao meu alcance, e ninguém pode impedir.

XCVIII

No entanto, um homem também deve estar preparado para ser suficiente para si mesmo, para habitar consigo mesmo sozinho, assim como Deus habita consigo mesmo sozinho, compartilha Seu repouso com ninguém e considera a natureza de Sua própria administração, concentrado em pensamentos adequados a Si mesmo. Assim, devemos ser capazes de conversar

EPITETO

conosco mesmos, de não precisar de mais ninguém, de não suspirar por distração, de dobrar nossos pensamentos sobre a Administração Divina e como nos relacionamos com tudo o mais; observar como os acidentes humanos nos afetavam antigamente e como nos afetam agora; quais coisas ainda têm o poder de nos prejudicar e como podem ser curadas ou removidas; aperfeiçoar o que precisa ser aperfeiçoado, conforme a Razão indicaria.

XCIX

Se um homem tem frequentes interações com os outros, seja na forma de conversa, entretenimento ou simples familiaridade, ele deve ou se tornar como eles, ou mudá-los para sua própria moda. Um carvão vivo colocado ao lado de um carvão morto acenderá um ou será apagado pelo outro. Sendo esse o risco, é bom ser cauteloso ao admitir intimidades desse tipo, lembrando que não se pode esbarrar em um homem sujo de fuligem sem compartilhar a fuligem você mesmo. O que você fará, supondo que a conversa gire em torno de gladiadores, cavalos, lutadores de combate ou (o que é pior) sobre pessoas, condenando isso e aquilo, aprovando o outro? Ou suponha que alguém zomba ou mostra um temperamento maligno? Algum de nós tem a habilidade do tocador de alaúde, que sabe no primeiro toque quais cordas estão desafinadas e coloca o instrumento no lugar: algum de vocês tem tal poder como Sócrates tinha, em todas as suas interações com os homens, de convencê-los de suas próprias convicções? Não, mas vocês devem ser facilmente influenciados pelos ignorantes. Como então eles provam ser tão mais fortes do que você? Porque eles falam do fundo do coração — suas visões baixas e corruptas são suas convicções reais: enquanto suas belas palavras são apenas de lábios para fora; é por isso que são tão fracas e mortas. Dá nojo ouvir suas exortações e ouvir falar de sua miserável Virtude, com a qual você fala constantemente de um lado para o outro. Assim é que o Vulgar prova ser mais forte do que você. Em todos os lugares força, em todos os lugares vitória espera sua convicção!

C

Em geral, quaisquer métodos de disciplina aplicados ao corpo que tendem a modificar seus desejos ou repulsas são bons — para fins ascéticos. Mas se feito para exibição, eles traem imediatamente um homem que se preocupa com a aparência externa; que tem um objetivo ulterior e busca espectadores para gritar: "Oh, que grande homem!" É por isso que Apolônio disse com tanta propriedade: "Se você está determinado a uma pequena disciplina privada, espere até um dia em que esteja sufocando de calor — então tome um gole de água fria e cuspa fora, e não conte a ninguém!"

CI

Estude como dar como alguém que está doente: para que você possa dar no futuro como alguém que está inteiro. Jejue; beba apenas água; abstenha-se completamente do desejo, para que você possa conformar seu desejo à Razão no futuro.

CII

Você gostaria de fazer o bem aos homens? então mostre a eles pelo seu próprio exemplo que tipo de homem a filosofia pode fazer e pare de bobagens tolas. Comer, faça o bem àqueles que comem com você; beber, aos que bebem com você; ceda a todos, dê espaço e suporte a eles. Assim, você fará o bem a eles: mas não descarregue neles seu próprio mau humor!

CIII

Assim como os maus atores não podem cantar sozinhos, mas apenas em coro: assim, alguns não podem andar sozinhos. Homem, se você é algo, esforce-se para andar sozinho e conversar consigo mesmo, em vez de se esconder no coro! Por fim, pense, olhe ao seu redor, mova-se, para que você possa saber quem você é!

CIV

Você deseja ser vitorioso nos jogos olímpicos, diz você. Sim, mas pondera as condições, pesa as consequências; então, somente então, coloque a mão — se for para o seu benefício. Você deve viver com regras, submeter-se a uma dieta, abster-se de comidas saborosas, exercitar seu corpo a horas determinadas, sob calor ou frio; não beber água fria, nem, possivelmente, vinho. Em resumo, você deve se entregar completamente ao seu treinador, como a um médico.

ESCRITOS DE OURO

Em seguida, na hora da competição, você terá que cavar o solo, o que pode deslocar um braço, torcer um tornozelo, engolir uma grande quantidade de areia e ser chicoteado — e com tudo isso às vezes perder a vitória. Pondere o custo e, em seguida, se o desejo ainda persistir, tente a vida de um lutador. Caso contrário, deixe-me dizer que você estará agindo como um bando de crianças brincando de lutadores agora, de gladiadores depois; passando para a trombeta e depois para a atuação em palco, quando a fantasia lhes agrada com o que viram. E você é exatamente igual: lutador, gladiador, filósofo, orador, todos ao mesmo tempo e nenhum deles com toda a sua alma. Como um macaco, você imita o que vê, nunca é constante com nada; o que é familiar não encanta mais. Isso ocorre porque você nunca empreendeu algo com devida consideração, nem depois de testá-lo e vê-lo de todos os lados; não, sua escolha foi impulsiva; o calor do seu desejo esfriou...

Amigo, primeiro pense no que você quer fazer e depois no que sua própria natureza é capaz de suportar. Você quer ser um lutador? Considere seus ombros, suas coxas, seus lombos — nem todos os homens são formados para o mesmo fim. Você acha que pode ser um filósofo agindo como age? Acha que pode continuar comendo, bebendo, cedendo da mesma forma à ira e ao desagrado? Não, você deve observar, você deve trabalhar; superar certos desejos; deixar de lado seus amigos familiares, se submeter a ser desprezado por seu escravo, ser ridicularizado por aqueles que o encontram, ocupar o lugar mais baixo em todas as coisas, no cargo, nas posições de autoridade, nos tribunais.

Pondere todas essas coisas, e então, se quiser, coloque a mão; se for como preço dessas coisas que você deseja conquistar a Liberdade, a Tranquilidade e a Serenidade impassível.

CV

Aquele que não tem instrução musical é uma criança na Música; aquele que não tem letras é uma criança no Aprendizado; aquele que não é instruído é uma criança na Vida.

CVI

Pode-se obter algum proveito dessas pessoas? Sim, de todas elas.

"Mesmo de um injuriador?", perguntou.

Por que não me diz qual é o benefício que um lutador obtém daquele que o treina antecipadamente? O maior de todos: ele me treina na prática da resistência, no controle de meu temperamento, nas maneiras gentis. Você nega isso. O homem que pega em meu pescoço e disciplina lombos e ombros faz-me bem, enquanto aquele que me treina para manter meu temperamento não me faz bem? Isso é o que significa não saber como tirar vantagem dos homens! Meu vizinho é ruim? Ruim para si mesmo, mas bom para mim: ele coloca meu bom temperamento, minha gentileza em jogo. Meu pai é ruim? Ruim para si mesmo, mas bom para mim. Este é o cajado de Hermes; toque o que quiser com ele, dizem, e ele se transforma em ouro. Não, mas traga o que quiser e eu o transformarei em Bem. Traga doença, traga morte, traga pobreza e desprezo, traga julgamento pela vida — todas essas coisas, através do cajado de Hermes, serão transformadas em proveito.

CVII

Até que essas opiniões sólidas tenham se enraizado em você e você tenha adquirido uma medida de força para sua segurança, aconselho que você seja cauteloso ao se associar com os desinstruídos. Do contrário, quaisquer impressões que você recebe nas tábuas de sua mente na Escola irão derreter e desaparecer dia a dia, como a cera no sol. Portanto, afaste-se para algum lugar distante do sol, enquanto você tem esses sentimentos de cera.

CVIII

Precisamos abordar este assunto de uma maneira diferente; é grande e místico: não é algo comum; nem dado a todos os homens. A sabedoria sozinha, talvez, não seja suficiente para cuidar da juventude: um homem precisa de certa medida de prontidão — uma aptidão para o cargo; sim, e certas qualidades físicas; e, acima de tudo, ser aconselhado por Deus próprio a assumir esse cargo; assim como Ele aconselhou Sócrates a assumir o cargo de alguém que refuta o erro, atribuindo a Diógenes o cargo real de alta repreensão e a Zeno o de instrução positiva. Enquanto você quer se apresentar como um médico provido apenas de drogas! Onde e como elas devem ser aplicadas, você não conhece, nem se importa.

CIX

Se o que o encanta são apenas princípios abstratos, sente-se e os analise tranquilamente em sua mente: mas nunca se autodenomine filósofo, nem permita que outros o chamem assim. Diga, em vez disso: Ele está em erro; pois meus desejos e impulsos permanecem inalterados. Eu dou minha adesão ao que fazia antes; nem minha maneira de lidar com as coisas dos sentidos sofreu alguma mudança.

CX

Quando um amigo inclinado a visões cínicas perguntou a Epiteto que tipo de pessoa um verdadeiro Cínico deveria ser, solicitando um esboço geral do sistema, ele respondeu: "Vamos considerar isso com calma. Por enquanto, contento-me em dizer isso: Se alguém se envolver em um assunto tão importante sem Deus, a ira de Deus permanece sobre ele. Aquilo que ele deseja só trará vergonha pública sobre ele. Nem mesmo ao se encontrar em uma casa bem organizada, um homem avança e diz a si mesmo: 'Eu devo ser o mestre aqui!' Caso contrário, o senhor da casa percebe isso, e, ao vê-lo dando ordens insolentes, o arrasta para fora e o castiga. Assim é também nesta grande Cidade, o Mundo. Aqui também há um Senhor da Casa, que ordena todas as coisas..."

Tu és o Sol! Em tua órbita tens o poder de fazer o ano e as estações; de ordenar que os frutos da terra cresçam e se multipliquem, que os ventos se ergam e caiam; tu podes, com a devida medida, acalentar com teu calor os corpos

ESCRITOS DE OURO

dos homens; segue o teu circuito e, assim, serve a todos,
desde o maior até o menor!
Tu podes liderar um exército contra Troia; sê Agamenon!
Tu podes enfrentar Heitor em combate singular; sê Aquiles!

"Mas se Tersites tivesse avançado e reivindicado o comando supremo, teria sido recebido com uma recusa, ou o teria obtido apenas para sua própria vergonha e confusão diante de uma multidão de testemunhas."

CXI

Outros podem se cercar de muros e casas quando fazem tais feitos; podem se esconder nas trevas; sim, eles têm muitos artifícios para se ocultar. Podem fechar suas portas e posiciona alguém ante seu quarto para avisá-los, caso alguém vier: "Ele saiu! Ele não está disponível!" Mas, o verdadeiro Cínico não terá nada disso; em vez disso, ele deve se envolver em modéstia: do contrário, ele só trará vergonha a si mesmo, nu e sob o céu aberto. Essa é a sua casa; essa é a sua porta; esse é o escravo que guarda sua câmara; essa é a sua escuridão!

CXII

A Morte? Que venha quando quiser. "Voe," você me diz, "voe!" — Mas para onde devo voar? Pode alguém me lançar para além dos limites do Mundo? Isso não pode ser! E para onde quer que eu vá, encontrarei ainda o Sol, a Lua e as Estrelas; lá encontrarei sonhos, presságios e conversas com os Deuses!

EPITETO

CXIII

Além disso, o verdadeiro Cínico deve saber que foi enviado como Mensageiro de Deus aos homens, para mostrar-lhes que, quanto ao bem e ao mal, eles estão equivocados; procurando-os onde não devem ser encontrados, sem nunca pensar onde eles estão. E, como Diógenes quando foi levado a Filipe após a batalha de Queroneia, o Cínico deve lembrar que é um Espião. Pois um Espião ele realmente é — para trazer de volta a palavra sobre quais coisas estão do lado do Homem e quais estão contra ele. E, depois de ter observado tudo diligentemente, ele deve voltar com um relatório verdadeiro, não aterrorizado ao ponto de anunciar inimigos ou amigos, nem de outra forma perturbado ou confundido pelas questões dos sentimentos.

CXIV

Como pode ser que alguém que não tem nada, nem vestimenta, nem casa, nem lar, nem cuidados básicos, nem servos, nem pátria, ainda possa viver tranquilo e contente? Eis que Deus enviou a você um homem para mostrar, em atos e demonstrações, que isso pode ser possível. Veja-me! Eu não tenho nem casa, nem posses, nem servos: o chão é meu leito; não tenho esposa, nem filhos, nem abrigo — nada além da terra e do céu, e um modesto manto. E o que eu ainda preciso? Não estou livre da tristeza, do medo? Não *sou* livre? Quando já acusei Deus ou o Homem de alguma coisa?

ESCRITOS DE OURO

Quando já acusei algum de vocês com um rosto triste? E de que maneira eu trato aqueles de quem vocês têm medo e fazem reverência? Não é como se fossem escravos?

CXV

Entregue-se mais diligentemente à reflexão: conheça a si mesmo; consulte a Divindade; sem Deus, não ponha a mão em nada!

CXVI

"Mas, sobre se casar e criar descendentes," disse o jovem, "o Cínico se considerará obrigado a empreender tal coisa como um dever supremo?"

"Conceda-me uma república de sábios," respondeu Epiteto, "e talvez ninguém abrace facilmente a vida Cínica. Pois por quem ele deveria abraçar esse método de vida? No entanto, suponhamos que ele o faça, então não haverá nada para impedi-lo de se casar e criar descendentes. Pois sua esposa será uma igual a ele, e da mesma forma, seus filhos serão criados."

Mas, na situação atual das coisas, que se assemelha a um exército em formação de batalha, o Cínico não deve estar livre de distrações e se dedicar inteiramente ao serviço de Deus, para que ele possa ir e vir entre os homens, sem estar amarrado pelos deveres nem enredado pelas relações da vida comum. Pois se ele as transgredir, perderá o caráter de um homem bom e

EPITETO

verdadeiro; mas se ele as observar, será o Mensageiro, o Espião, o Arauto dos Deuses!

CXVII

Pergunte-me, se quiser, se um Cínico deve se envolver nas questões do Estado. Ó tolo, você procura uma administração mais nobre do que aquela na qual ele está envolvido? Pergunta se um homem deve se apresentar na assembleia ateniense, quando o seu negócio é conversar com todos os homens, atenienses, coríntios e romanos igualmente, não sobre coisas supérfluas, nem ainda sobre a paz e a guerra, mas sobre Felicidade e Miséria, Prosperidade e Adversidade, Escravidão e Liberdade?

Você pergunta se um homem deve se envolver na administração do Estado quando ele se envolve em uma Administração como esta? Pergunte-me também se ele deve governar; e novamente responderei: "Tolo, que governo maior ele deverá exercer do que já exerce?"

CXVIII

Esse homem também precisa cuidar de seu corpo. Se ele parecer fraco, magro e pálido, seu testemunho já não terá a mesma autoridade. Ele não só deve provar aos ignorantes que em sua Alma é possível ser um homem bom, separado de tudo o que eles admiram, mas também deve mostrar a eles, por meio de seu corpo, que um modo de vida simples não faz mal ao corpo. "Veja, eu sou a prova disso! E também o meu corpo." Como costumava fazer Diógenes, que andava com um olhar sereno e pelo próprio aspecto de seu corpo atraía os olhares das pessoas. Mas se um Cínico é objeto de pena, ele parece um mero mendigo; todos se afastam, todos se ofendem com ele. Ele também não deve ser desleixado em sua aparência, para não afugentar as pessoas dessa maneira; ao contrário, a sua rusticidade deve ser limpa e atraente.

CXIX

Reis e tiranos têm guardas armados com os quais castigam certas pessoas, embora eles mesmos sejam maus. Mas, para o Cínico, a consciência lhe dá esse poder — não armas e guardas. Pois, ele sabe que vigiou e trabalhou em prol da humanidade, que o sono o encontrou puro e o deixou ainda mais puro, que seus pensamentos foram os pensamentos de um Amigo dos Deuses — de um servo, mas que tem uma parte no governo do Deus Supremo; que as palavras estão sempre em seus lábios:

Guia-me, Ó Deus, e tu, Ó Destino!

Assim como estes:

Se este for o desejo de Deus, que assim seja!

Por que ele não falaria com coragem aos seus próprios irmãos, aos seus filhos? A todos que são parentes dele?

CXX

Um filósofo não deseja que as pessoas venham ouvi-lo? Ele não atrai, por sua própria natureza, aqueles que se beneficiarão com ele — assim como o Sol os aquece e a comida os sustenta? Qual médico não deseja que as pessoas venham a ele para serem curadas? (Embora, de fato, eu ouça que os médicos em Roma atualmente buscam pacientes — na minha época, *eles* eram procurados.) Eu peço que vocês venham e entendam que estão em má situação; que o que mais merece sua atenção é a última coisa a recebê-la; que vocês não distinguem o bem do mal e, em resumo, são infelizes; um belo pedido! Embora, a menos que as palavras do filósofo os afetem dessa forma, o orador e o discurso são igualmente mortos e inúteis.

CXXI

A escola de um Filósofo é um Consultório Médico: dor, insatisfação, são coisas que lá se sentem. Pois, ao entrarem, nenhum de vocês está inteiro. Um tem um ombro deslocado, outro um abscesso; um terceiro sofre de um resfriado, um quarto de dores de cabeça. Devo, então, sentar-me e lhes proporcionar sentimentos bonitos e floreios vazios, para que possam me aplaudir e partir, sem que nem o ombro, nem a cabeça, nem o resfriado, nem o abscesso estejam um pouco melhores após sua visita? É para isso que os jovens devem sair de suas casas, deixar pais, amigos, parentes e bens? Para aplaudir frases vazias?

CXXII

Se alguém estiver infeliz, que ele lembre que está infeliz por sua própria culpa. Pois, Deus fez todos os homens para desfrutarem da felicidade e da constância do bem.

CXXIII

Nunca nos desvincularemos? Nunca prestaremos atenção aos ensinamentos da Filosofia (a menos que talvez tenha soado em nossos ouvidos com um ar encantador): este Mundo é uma grande Cidade, e *uma* é a substância da qual ela é feita; certamente há um período necessário, enquanto estes cedem lugar àqueles; alguns devem perecer para que outros tenham sucesso; alguns se movem e outros permanecem imóveis; no entanto, tudo está cheio de amigos — primeiro Deus, depois os Homens, que a Natureza uniu por laços de parentesco, cada um ao outro.

CXXIV

E o herói não chorou nem lamentou ao deixar seus filhos órfãos. Pois, ele sabia que nenhum homem é órfão; o Pai cuida de todos constantemente e para sempre. Ele não ouviu dizer que o Deus Supremo é o Pai dos homens, mas, acreditando que Ele o era, chamou-o de Pai e fixou sempre seus olhos n'Ele em tudo o que fazia. Portanto, onde quer que ele estivesse, era-lhe concedido o viver feliz.

CXXV

Você não percebe que isso é uma guerra? O dever de um homem é montar guarda; outro deve sair para fazer reconhecimento, e um terceiro deve lutar; todos não podem estar no mesmo lugar, nem seria conveniente. Mas você, em vez de cumprir as ordens do seu comandante, reclama se algo mais árduo do que o habitual lhe é ordenado, não compreendendo a que condição você está trazendo o exército, na medida do possível. Se todos seguissem o seu exemplo, ninguém cavaria uma trincheira, ninguém manteria vigília ou se exporia ao perigo; mas todos se tornariam inúteis para o serviço de guerra... Assim também é aqui. Cada vida é uma guerra, longa e variada. Você deve cumprir com o dever de um soldado e obedecer a cada ordem no aceno do seu comandante: sim, e se for possível, adivinhar o que ele teria feito; pois entre este comando e aquele, não há comparação, nem em poder, nem em excelência.

CXXVI

Tens te esquecido novamente? Não sabes que um homem bom não faz nada por aparências, mas sim pelo bem de fazer o que é correto?

"Então não há recompensa?"

Recompensa! Buscas uma recompensa maior para um homem bom do que fazer o que é certo e justo? No entanto, nos Grandes Jogos, não esperas nada mais; lá, consideras a coroa do vencedor suficiente. Achas que é uma coisa tão pequena e sem valor ser um homem bom e encontrar felicidade nisso?

CXXVII

Não te faz bem ser infeliz por causa de alguém, mas sim ser feliz por causa de todos os homens, e especialmente por causa de Deus, que nos formou para esse fim.

CXXVIII

E quanto a Diógenes? Será que ele não amou ninguém? Ele era tão gentil, um amigo tão verdadeiro para os homens, que suportou com alegria dificuldades corporais pelo bem comum de toda a humanidade. Mas, como ele os amou? Como um ministro do Deus Supremo deveria, cuidando dos homens enquanto também estava sujeito a Deus.

CXXIX

Pela Natureza, fui feito para o meu próprio bem, não para o meu próprio mal.

CXXX

Lembra-te de que aquele a quem amas é mortal, e que o que amas não é teu; é dado a ti por enquanto, não sendo irrevogável, nem eterno, mas sendo como uma figueira ou um cacho de uvas na época designada do ano...

"Mas essas são palavras de mau presságio."

EPITETO

O que chamas, então, de presságio nefasto senão o que simboliza algo maléfico? Covardia é uma palavra de mau presságio, se preferires, bem como mesquinhez, lamentação, pranto, despudor...

Mas, peço-te, não chames de mau presságio uma palavra que simboliza algo natural: assim como chamar de mau presságio a colheita do milho, pois isso significa a destruição das espigas, embora não do mundo; da mesma forma, dizer que a queda da folha é de mau presságio, ou que a figueira seca deveria substituir a verde, ou que uvas deveriam ser transformadas em passas. Todas essas são mudanças de um estado anterior para outro, não destruição, mas uma economia ordenada, uma administração estabelecida. Assim é deixar o lar, uma mudança de pouca importância; assim é a Morte, uma mudança maior, de algo que é agora, não para o que não é, mas para o que não é agora.

"Então eu não existirei mais?"

Não é assim; existirás, mas como algo diferente, do qual o mundo precisa agora. Pois, também tu nasceste não quando escolheste, mas quando o mundo precisava de ti.

CXXXI

Portanto, um homem bom e verdadeiro, lembrando-se de quem é, de onde veio e de quem é descendente, se preocupa apenas em como pode cumprir seu papel com disciplina e obediência a Deus.

ESCRITOS DE OURO

Desejas que eu continue a viver? Então viverei, como alguém livre e nobre, como Tu desejas. Pois, Tu me tornaste livre de obstáculos no que diz respeito a mim. Mas, Tu não tens mais necessidade de mim? Eu Te agradeço! Até este momento, permaneci por Tua causa e de mais ninguém: e agora, em obediência a Ti, eu parto.

"Como partes então?"

Novamente digo, como Tu desejas; como alguém livre, como Teu servo, como alguém cujo ouvido está aberto ao que Tu ordenas, e ao que Tu proíbes.

CXXXII

Qualquer que seja o lugar ou a posição que Tu me destinares, eu preferirei morrer mil mortes, como disse Sócrates, do que desistir dela. E onde Tu queres que eu esteja? Em Roma ou em Atenas? Em Tebas ou em uma ilha deserta? Lembra-Te de mim, apenas! Se me enviares para onde o homem não pode viver como a Natureza deseja, partirei, não em desobediência a Ti, mas como se estivesses soando o sinal para minha retirada: não estou a abandonar-te, que isso fique longe de mim! Apenas vejo que não precisas mais de mim.

CXXXIII

Se você estiver em Gyara, não permita que sua mente se concentre na vida em Roma e em todos os prazeres que ela lhe oferecei quando vivia lá, ou em tudo o que o aguardaria ao retornar. Em vez disso, concentre-se em como aquele que vive em Gyara pode viver como um homem espirituoso. E, se você estiver em Roma, não permita que sua mente se concentre na vida em Atenas; foque apenas em como viver em Roma.

Finalmente, no lugar de todos os outros prazeres, coloque este: o prazer que advém da obediência consciente a Deus.

CXXXIV

Para um homem bom, não há mal algum, seja na vida ou na morte. E se Deus não fornece alimento, Ele não soou o sinal de retirada, como um sábio Comandante, e nada mais? Eu obedeço, eu sigo — elogiando meu Comandante e louvando Suas ações. Pois, por Sua boa vontade, eu vim; e eu parto quando isso lhe agradar; e, enquanto eu estiver vivo, esse será o meu trabalho: cantar louvores a Deus!

CXXXV

Reflete que a principal fonte de todos os males para o homem, em sua insignificância e covardia, não é a morte, mas o medo da morte.

Contra esse medo, endurece-te, eu te imploro; que todas as tuas razões, atividades e leituras tendam a isso. Então você saberá que apenas assim os homens são libertos.

CXXXVI

É livre quem vive como deseja viver; a quem ninguém pode cometer violências, impedir ou compelir; cujos impulsos são inibidos, cujos desejos atingem seu propósito, que não cai no que deseja evitar. Quem então viveria no erro? — Ninguém. Quem viveria enganado e propenso a cair, injusto, intemperante, lamentando em seu destino? — Ninguém. Então, nenhum homem mau vive como deseja, e, portanto, ele não é livre.

CXXXVII

Assim agem os viajantes mais cautelosos. Dizem que a estrada está repleta de bandidos. O viajante não se arriscará sozinho, mas esperará a companhia de um embaixador, de um questor ou de um procônsul. A ele se une e assim passa em segurança. Assim age o sábio no mundo. Muitas são as companhias de ladrões e tiranos, muitas são as tempestades, as crises, as perdas do que um homem mais preza. Para onde ele irá em busca de refúgio? Como passará ileso? Que companhia na estrada ele esperará para sua proteção? Tal e tal homem rico, de posição consular? E como serei beneficiado se ele for despojado e se entregar à lamentação e ao choro? E se meu companheiro de viagem se voltar contra mim e me roubar? O que farei? Hei de me tornar amigo de César! Em seu séquito, ninguém me fará mal! Mas, ah, as indignidades que devo suportar para ganhar distinção! Oh, a multidão de mãos que estarão lá para me roubar! E se eu tiver sucesso, César, também será apenas um mortal. E se, por acaso, eu o ofender, para onde fugirei de sua presença? Para o deserto? E uma febre não me esperará por lá talvez? Então, o que fazer? Não pode ser encontrado um companheiro de viagem que seja honesto e leal, forte e confiável? Assim raciocina o sábio, considerando que, se ele quiser passar em segurança, deve se unir a Deus.

CXXXVIII

"Como tu compreendes o fato dele se unir a Deus?"

O que Deus quer, ele também deve querer; o que Deus não quer, também não se deve querer.

"Então, como isso pode acontecer?"

Considerando os movimentos de Deus e Sua administração.

CXXXIX

E tu, que recebeste tudo das mãos de outro, reclamas e culpas o Doador se Ele toma algo de ti? Quem és tu e para que fim vieste aqui? Não foi Ele que te fez manifestar a Luz, que te deu companheiros de trabalho, sentidos e o poder de raciocinar? E como Ele te trouxe ao mundo? Não foi como alguém nascido para morrer, como alguém destinado a viver sua vida terrena em uma pequena morada de carne, para contemplar Sua administração e, por um breve momento, compartilhar com Ele a grandiosa marcha deste grande desfile festivo? Agora, tendo contemplado, enquanto te foi permitido, a solene festa e a Assembleia, não partirás alegremente quando Ele te convocar, com adoração e gratidão pelo que viste e ouviste? — "Não, pois eu gostaria de ter ficado mais tempo na festa." Ah, assim como os místicos desejariam que os ritos fossem prolongados; assim talvez a multidão dos Grandes Jogos desejaria ver ainda mais lutadores. Mas, a solene Assembleia terminou! Saia, parta com agradecimento e modéstia — dê lugar aos outros que devem surgir, assim como você.

CXL

Por que eres tão insaciável? Por que assim tão irracional? Por que sobrecarregas o mundo? "Sim, mas eu gostaria de ter minha esposa e filhos comigo também." Eles são teus, e não d'Aquele que os deu a ti, Aquele que te criou? Portanto, desapega do que não é teu e entrega-o àquele que é melhor do que tu. "Mas por que Ele trouxe alguém ao mundo sob essas condições?" Se não te agradas, parte! Ele não precisa de um espectador que reclama de seu destino! Ele precisa daqueles que participarão do Banquete, que elevarão suas vozes com os demais para que os homens aplaudam ainda mais e exaltem a Grande Assembleia em hinos e cânticos de louvor. Mas, Ele não se desagrada de ver os infelizes e temerosos ausentes, pois quando estavam presentes, não se comportavam como em um Banquete, nem cumpriram com seu papel adequadamente. Eles lamentaram como se estivessem com dor e reclamaram de seu destino, sorte e companheiros, insensíveis ao que lhes foi dado, insensíveis aos poderes que receberam para um propósito muito diferente: os poderes da Magnanimidade, da Nobreza de Coração, da Fortitude e da Liberdade!

CXLI

És então livre? Pode alguém perguntar. Juro por Deus, anseio e rezo pela liberdade! Mas, não posso encarar os meus senhores co-

EPITETO

rajosamente; ainda valorizo meu corpo físico; ainda atribuo grande importância à sua preservação, integridade e saúde.

No entanto, posso te apontar um homem livre, para que não continues a procurar um exemplo. Diógenes era livre. Como assim? Não porque ele foi de ascendência livre (pois isso, de fato, não era o caso), mas porque ele próprio era livre. Ele havia eliminado todas as amarras pelas quais a escravidão pudesse prendê-lo, e não era possível para qualquer um se aproximar e se agarrar a ele para escravizá-lo. Todas as linhas estavam frouxas; todas as coisas estavam ligadas a ele apenas por laços frágeis. Se tivessem apreendido seus bens, ele preferiria deixá-los ir do que segui-los — sim, mesmo que fosse um membro, ou talvez seu corpo inteiro; e da mesma forma, seus parentes, amigos e país. Pois, ele sabia de onde eles vinham — de quem os havia recebido e sob quais condições. Seus verdadeiros antepassados, os Deuses, sua verdadeira Pátria, ele nunca teria abandonado; nem teria cedido a qualquer pessoa em obediência e submissão a um deles, nem teria morrido alegremente pelo outro. Pois ele estava sempre consciente de que tudo o que acontece tem sua fonte e origem divina; sendo, de fato, realizado para o bem de sua verdadeira Pátria, e direcionado por Aquele cujo no governo de tudo está.

CXLII

Reflete sobre isso — sobre essas convicções, sobre essas palavras: fixa teus olhos nesses exemplos, se desejares ser livre, se tens teu coração voltado para o assunto de acordo com seu valor. E qual é o espanto se comprares uma coisa tão grande por um preço tão alto? Por conta do que os homens chamam de

ESCRITOS DE OURO

liberdade, alguns se enforcam, outros se lançam de penhascos; sim, houve tempos em que cidades inteiras chegaram ao fim. Enquanto, por amor à Liberdade que é verdadeira, segura e inabalável, tu hesitas em devolver a Deus o que Ele te deu quando *Ele* o reivindica? Aprenderás, como diz Platão, a suportar apenas a morte, a tortura, o exílio, os açoites — resumidamente, não aprenderás a abrir mão de tudo o que não te pertence? Do contrário, serás um escravo entre escravos, mesmo que sejas dez mil vezes cônsul; sim, embora subas os degraus do Palácio. E compreenderás a verdade na afirmação de Cleantes de que, embora as palavras dos filósofos sejam contrárias às opiniões do mundo, elas têm a razão do seu lado.

CXLIII

Quando perguntado sobre como um homem deveria melhor afligir seu inimigo, Epiteto respondeu: "Ao viver a vida de maneira nobre ele mesmo."

CXLIV

Sou livre, sou amigo de Deus, pronto para lhe prestar obediência voluntária. Não devo dar importância a mais nada — nem ao meu próprio corpo, nem às posses, nem aos cargos, nem à boa reputação, nem a qualquer outra coisa. Pois não é Sua vontade que eu valorize tais coisas. Se fosse Sua vontade, Ele teria colocado meu Bem nelas. Mas, Ele não fez isso; portanto, não posso desobedecer *um* iota de Seus comandos. Em tudo, agarre-se ao que é do Bem, mas, também (na medida em que for concedido a você), seja contente utilizando da Razão. Caso contrário, você encontrará falhas, insucesso, impedimentos e obstáculos. Essas são as leis estabelecidas por Deus — esses são Seus decretos. Um homem deve explicá-los e interpretá-los; a eles deve se submeter, não às leis de Masúrio e Cássio.

CXLV

Lembra-te de que não é o amor pelo poder e pela riqueza que nos coloca sob o tacão de outros, mas o amor pela tranquilidade, pelo ócio, pela mudança de cenário, pelo aprendizado em geral, não importando o que seja essa coisa exterior — valorizá-la é se colocar sob a sujeição de outro. Onde está a diferença, então, entre desejar ser um Senador e desejar não ser um? Entre ansiar por um cargo e ansiar por ser liberado dele? Onde está a diferença entre clamar: "Ai de mim, não sei o que fazer, tão preso aos meus livros que não posso me mexer!", e dizer: "Ai de mim, não tenho tempo para ler!"? Como se um livro não fosse uma coisa tão exterior e independente da vontade quanto a um cargo, quanto ao poder e quanto as recepções dos grandiosos.

Ou que motivo tens (diz-me) para desejares ler? Pois, se teu objetivo não vai além do mero prazer ou da vontade de adquirir um pouco de conhecimento, és apenas um pobre e tolo sem espírito. Mas, se desejas estudar com um fim apropriado, o que mais é senão uma vida que flui tranquila e serena? E se tua leitura não te proporciona serenidade, qual é o lucro? — "Não, mas ela me proporciona," ele diz, "e é por isso que lamento ser privado dela". E que serenidade é essa que fica à mercê de qualquer transeunte? Eu não digo à mercê do Imperador ou do favorito do Imperador, mas aquela que treme com o grasnar de um corvo e o barulho de um tocador de flauta; com o surgir de uma febre ou mil outras coisas semelhantes! Enquanto que a vida serena não tem marca mais certa do que esta, que sempre flui em constante e ininterrupto movimento.

CXLVI

Se tiveres te afastado da malícia e da difamação, sejas totalmente, ou em alguma medida; se tiveres te afastado da ansiedade, da obscenidade de linguagem, da intemperança, ad preguiça; se não fores movido por aquilo que outrora te movia, ou da mesma maneira que outrora eras movido, então poderás celebrar um festival diário; hoje porque agiste bem de tal forma, amanhã por tal outra. Que maior motivo há aqui para oferecer sacrifícios do que se um homem fosse nomeado Cônsul ou Líder?

CXLVII

Essas coisas tens de ti mesmo e dos Deuses: lembra-te apenas de quem as deu, para quem e com que propósito foram dadas. Alimentando tua alma com pensamentos assim, debates sobre onde a felicidade te espera? Em que lugar farás a vontade de Deus? Os Deuses não estão igualmente presentes de todos os lugares? Não veem igualmente o que acontece em todos os lugares?

CXLVIII

A cada homem, Deus concedeu essa liberdade interior. Esses são os princípios que em uma casa criam amor, em uma cidade a concórdia, entre as nações a paz; ensinando um homem a gratidão para com Deus e a confiança, onde quer que ele esteja, ao lidar com coisas exteriores que ele sabe que não são dele, nem valem a pena buscar.

CXLIX

Se buscas a Verdade, não procurarás vencer a todo custo; e quando encontrares a Verdade, não precisarás temer ser derrotado.

CL

Que conversa tola é essa? Como posso reivindicar princípios corretos se não estou satisfeito em ser o que sou, mas estou agitado sobre o que supostamente deveria ser?

CLI

Deus fez todas as coisas no mundo, inclusive o próprio mundo, livres de impedimentos e perfeitas; suas partes para o uso do Todo. Nenhuma outra criatura é capaz de compreender sua administração, mas o ser humano racional possui faculdades para considerar tudo, não apenas que ele próprio é uma dessas partes, mas que parte ele é e como é apropriado que as partes cedam ao Todo. E isso não é tudo. Sendo naturalmente nobre, magnânimo e livre, ele vê que as coisas que o cercam são de dois tipos. Algumas são livres de impedimentos e estão no poder da vontade. Outras estão sujeitas a impedimentos e dependem da vontade de outros homens. Se ele colocar seu bem, seu próprio interesse, apenas naquilo que é livre de impedimentos e em seu poder, ele será livre, tranquilo, feliz, incólume, nobre de coração e piedoso; agradecendo por tudo a Deus, não encontrando falhas em nada que aconteça, não criticando nada. Mas, se ele colocar seu bem nas coisas exteriores, que não dependem da vontade, deve ser necessariamente sujeito a impedimentos e restrições, escravo daqueles que têm poder sobre as coisas que ele deseja e teme; ele deve ser necessariamente ímpio, como se considerasse a si mesmo prejudicado pelas mãos de Deus; ele deve ser injusto, propenso a reivindicar mais do que lhe é devido; ele deve ser necessariamente de espírito mesquinho e abjeto.

CLII

Então, a quem devo temer? Aos senhores, caso me impeçam de entrar? Se me encontrarem desejoso de entrar, que me impeçam, se quiserem.

"Então, por que te aproximaste da porta?"

Porque eu acho adequado e correto, enquanto a peça estiver em andamento, que eu participe dela.

"Em que sentido estás, então, impedido?"

No sentido de que, a menos que eu seja admitido, não é minha vontade entrar; pelo contrário, minha vontade é simplesmente ver o que acontece. Pois, eu estimo o que Deus deseja mais do que o que eu desejo. A Ele me apegarei como Seu ministro e assistente; tendo os mesmos movimentos, os mesmos desejos, resumindo, a mesma Vontade. Não existe tal coisa como ser excluído para mim, mas somente para aqueles que querem se impor.

CLIII

Mas o que diz Sócrates? "Um homem encontra prazer em melhorar sua terra, outro em seus cavalos. Meu prazer reside em ver que eu mesmo cresço em minha virtude dia após dia."

CLIV

A vestimenta é adequada à arte; o artesão tira seu nome da arte, não da vestimenta. Por esse motivo, Eufrates estava certo ao dizer: "Eu procurei esconder minha vida filosófica por muito tempo, e isso me beneficiou muito. Em primeiro lugar, eu sabia que o que fazia corretamente, fazia não para os observadores, mas para mim mesmo. Eu comia bem — para mim mesmo; mantinha meu andar regular, meu olhar sereno — tudo para mim mesmo e para Deus. Então, como eu lutava sozinho, estava sozinho em perigo. Se eu fizesse algo errado ou vergonhoso, a causa da Filosofia não estava em perigo morando em mim; nem eu prejudicaria uma multidão transgredindo como um filósofo professo. Portanto, aqueles que não conheciam meu propósito ficavam surpresos com como isso aconteceu, pois em toda a minha vida aconteciam conversas com filósofos, sem exceção, e eu mesmo não era um deles. E, que mal há em ser conhecido como um filósofo por meio de atos, em vez de meras palavras e conversas externas?"

CLV

Primeiro, estuda esconder o que és; busca a sabedoria um pouco para ti mesmo. Assim, a fruta cresce; primeiro, a semente deve ser enterrada na terra por um curto período; lá ela deve estar oculta e crescer lentamente, até atingir a maturidade. Mas se ela produzir a espiga antes do colmo articulado, ela é imperfeita, uma coisa do jardim de Adônis. É assim que és: floresceste cedo demais, o frio do inverno vai te fazer murchar!

CLVI

Primeiro de tudo, condena a vida que estás vivendo agora. Mas quando a tiveres condenado, não te desesperes — não sejas como os de espírito mesquinho que, após cederem, abandonam-se completamente, como se deixassem a torrente arrastá-los. Não; aprende o que fazem os mestres da luta. O lutador caiu? "Levanta," eles dizem, "luta novamente, até que tua força volte a ti". É assim que deve ser contigo. Saiba que não há nada mais maleável do que a alma humana. Basta querer, e a coisa está feita; a alma está no caminho certo. Como alternativa, basta uma única palavra contrária, e tudo está perdido. Pois a ruína e a recuperação se originam ambas de dentro de nós.

CLVII

É o momento crítico que revela o homem. Portanto, quando a crise está sobre ti, lembra-te de que Deus, como um treinador de lutadores, te colocou diante de um adversário ríspido e robusto. "Para que fim?", perguntas. Para que te tornes o vencedor nos Grandes Jogos. No entanto, isso não pode ser alcançado sem esforço e suor!

CLVIII

Se desejas progredir, contenta-te em parecer tolo e desprovido de entendimento em relação às coisas exteriores. Não te importes em ser considerado como alguém que sabe alguma coisa. Se alguém te considerar assim, desconfia de ti mesmo.

CLIX

Lembra-te de que na vida deves conduzir teu comportamento como em um banquete. Chegou-te algum prato que está sendo servido? Estende tua mão e coma com modéstia. Se ele passa por ti, não tentes retê-lo. Ainda não chegou? Não perguntes por ele, mas espera até que chegue até ti. Lida assim com as crianças, assim como com tua esposa, assim como com teu cargo, assim como com tua riqueza — e um dia serás digno de compartilhar dos Banquetes dos Deuses. Mas, se nem mesmo tocares naquilo que está diante de ti, e o desprezares, então não apenas compartilharás dos Banquetes dos Deuses, mas também de Seu Império.

ESCRITOS DE OURO

CLX

Lembra-te de que és um ator em uma peça, e de tal sorte como o Autor escolhe, seja ela longa ou curta. Se for de seu bom grado te atribuir o papel de mendigo, governante ou simples cidadão, cabe a ti representá-lo adequadamente. Pois, o teu dever é atuar bem no papel que a ti foi designado: a escolha é de outro.

CLXI

Mantenha a morte e o exílio diariamente diante de teus olhos, juntamente com todas as coisas que os homens consideram terríveis, mas especialmente a morte. Então, nunca considerarás nada como insignificante, e não cobiçarás nada além do que é razoável.

CLXII

Assim como um alvo não é posto para ser dele desviado, da mesma forma males naturais não são produzidos no Mundo.

CLXIII

A piedade para com os Deuses consiste principalmente em pensar corretamente sobre eles — que eles existem e que governam o Universo com bondade e justiça; e que tu mes-

EPITETO

mo foste designado para obedecê-los e submeter-se em todas as circunstâncias que surgirem; aceitando de bom grado o que quer que aconteça, tendo certeza de que é realizado, e realizado pela compreensão mais perfeita. Assim, nunca encontrarás falhas nos Deuses, nem os acusarás de negligenciarem-te.

CLXIV

Não percas tempo estabelecendo selos de caráter e comportamento, tanto quando estiveres sozinho quanto na companhia dos outros. Deixa o silêncio ser tua regra geral; ou fala apenas o que é necessário e em poucas palavras. Todavia, quando a ocasião exigir, entremos em conversa com parcimônia, evitando tópicos comuns como gladiadores, corridas de cavalos, esportes, e o incessante tópico sobre comida e bebida. Acima de tudo, evita falar sobre pessoas, seja para elogiá-las, censurá-las ou compará-las

Se possível, direcione a conversa de teus companheiros para o que deveria ser por ti mesmo. Mas, se te encontrares isolado e sem escapatória entre desconhecidos, permanece em silêncio.

CLXV

O riso não deve ser frequente, incontrolável ou excessivo.

CLXVI

Recuse-se inteiramente a prestar juramento, se for possível; e, se não for, faça-o o mínimo possível.

CLXVII

Evite os banquetes daqueles que não são cultos e daqueles que lhe são estranhos. Mas, se tiveres que participar deles, não relaxes tua atenção nem por um momento, para que não acabes caindo em más práticas. Pois, podes ter certeza de que, mesmo que um homem seja puro em si mesmo, ele não pode evitar a contaminação se seus companheiros forem impuros.

CLXVIII

Aceita o que se refere ao corpo apenas até onde o uso básico o justifique — como comida, bebida, roupa, casa e servos. Mas rejeite tudo o que é voltado para o luxo e para a opulência.

CLXIX

Se alguém te disser que tal pessoa fala mal de ti, não faças defesa contra o que foi dito, mas responde: "Certamente ele não conhecia meus outros defeitos, senão não teria mencionado somente estes!"

CLXX

Quando visitares alguém poderoso, pensa que não o encontrarás em casa, que talvez não te deixem entrar, que a porta pode ser fechada em tua face, que ele pode não se preocupar contigo. Se, mesmo com tudo isso, for teu dever ir, suporta o que acontecer e nunca digas a ti mesmo: "Não valeu a pena!" Pois, isso teria ares de tolice e ignorância, ao permitir que coisas externas te afetem.

CLXXI

Quando acompanhado, evite falar frequentemente e de forma indevida sobre suas próprias ações e problemas. Por mais agradável que seja para ti ampliar os riscos que correste, outros podem não encontrar prazer em ouvir tuas aventuras. Evite também provocar risos: é um hábito do qual se desliza facilmente para os caminhos dos tolos, e pode diminuir o respeito que teus vizinhos sentem por ti. Aproximar-se de conversas grosseiras também é perigoso. Nessas ocasiões, se houver uma oportunidade conveniente, repreenda o falante. Se não, pelo menos, ao cair o silêncio, core e mostre seu incômodo; mostre que estás descontente com o assunto.

CLXXII

Quando decidires que algo deve ser feito, e estiveres fazendo-o, nunca evites ser visto fazendo-o, mesmo que a multidão esteja propensa a julgar o assunto de maneira errônea. Pois, se não estás agindo corretamente, evita o próprio ato; se estás agindo corretamente, por que temer a censura equivocada?

CLXXIII

É relativo a um homem de capacidade medíocre gastar muito tempo com as coisas do corpo, como exercícios físicos prolongados, longos banquetes, bebedeiras e outras questões corporais. Ao invés disso, essas coisas devem ocupar um segundo lugar, enquanto toda a tua preocupação é direcionada para a compreensão das coisas.

CLXXIV

Tudo tem duas alças, uma pela qual se pode ser segurado, e outra pela qual não se pode. Se teu irmão peca contra ti, não o agarres pela alça da injustiça, pois ela não pode suportar muito; agarre-o pela parte em que ele é teu irmão, o camarada de tua juventude; e assim tu o segurarás pela parte mais firme.

CLXXV

Nunca te chames de Filósofo nem fales muito entre os não instruídos sobre os Princípios, mas faças o que decorre deles. Assim, num banquete, não discutas como as pessoas devem comer; mas coma como deves. Lembra-te que Sócrates evitava completamente a ostentação. Homens vinham até ele desejando ser recomendados a filósofos, e ele os conduzia até lá ele mesmo — tão bem ele suportava ser negligenciado. Portanto, se surgir alguma conversa sobre princípios entre os não instruídos, permanece em silêncio na maioria das vezes, pois corres o grande risco de regurgitar o que mal digeriste. E, quando alguém te diz que tu nada sabes e não te irritas com isso, então podes ter certeza de que começaste bem o trabalho de filósofo.

CLXXVI

Quando fores suprir as necessidades do corpo a baixo custo, não te orgulhes disso; nem se beberes apenas água, fiques dizendo: "Eu bebo água!" Se alguma vez quiseres praticar a resistência e o esforço, faz isso consigo mesmo e não com os outros — não abraces estátuas!

CLXXVII

Quando um homem se orgulhar de ser capaz de entender e interpretar os escritos de Crisipo, diz a ti mesmo:

Se Crisipo não tivesse escrito de forma obscura, este indivíduo não teria nada do que se orgulhar. Mas o que é que eu desejo? Entender a Natureza e segui-la! Por isso, pergunto quem é o intérprete. Ao ouvir que é Crisipo, eu vou até ele. Mas, parece que eu não entendo o que ele escreveu. Então procuro alguém para interpretá-lo. Até agora, não há nada para me orgulhar. Mas, quando encontro meu intérprete, o que resta é colocar em prática suas instruções. Isso em si é a única coisa da qual se orgulhar. Mas, se eu admiro a interpretação e somente isso, o que mais me tornei além de um mero comentador, em vez de um amante da sabedoria? Exceto, claro, que eu acabei interpretando Crisipo em vez de Homero. Então, quando alguém me diz, "Por favor, leia-me Crisipo", estou mais inclinado a corar quando não posso mostrar que minhas ações estão em harmonia e de acordo com suas palavras.

CLXXVIII

Nas festas e banquetes, lembra-te de que estás a entreter dois convidados: o corpo e a alma. O que dás ao corpo, perdes imediatamente; o que dás à alma, conservas para sempre.

CLXXIX

Nas refeições, certifica-te de que aqueles que servem não são mais numerosos do que aqueles que estão a ser servidos. É um absurdo que uma multidão de pessoas esteja a servir meia dúzia de cadeiras.

CLXXX

É melhor partilhar com teus criados um pouco de tudo, tanto no trabalho como no desfrute de uma festa. Se isso for difícil na nobreza, recorda que tu, que não estás cansado, estás a ser servido por aqueles que estão; tu, que estás a comer

e a beber, és assistido por aqueles que não fazem nada disso;
tu, que estás a falar, és ouvido por aqueles que estão em silêncio; tu, que estás à vontade, és visto por aqueles que estão
sob tensão. Assim lembrando, nenhuma ira súbita te levará
a um comportamento irracional, e nem te comportarás de
forma rude com ninguém.

CLXXXI

Quando Xantipa repreendia Sócrates por fazer preparativos
muito simples para entreter seus amigos, ele respondeu: "Se
eles são nossos amigos, não se importarão com isso; se não forem, que não nos importemos com eles!"

CLXXXII

Perguntado quem é o homem rico, Epiteto respondeu:
"Aquele que está contente e satisfeito."

CLXXXIII

Favorino conta-nos como Epiteto costumava dizer que
havia dois defeitos muito mais graves e vis do que qualquer outro: a incapacidade de suportar e a incapacidade de se abster; quando não suportamos pacientemente
os golpes que devem ser suportados, nem nos abstemos
das coisas e prazeres das quais deveríamos nos abster. Ele
prosseguiu dizendo: "Assim, se um homem tiver apenas

estas duas palavras no coração e as observar cuidadosamente, controlando e vigiando a si mesmo, ele permanecerá, na maioria das vezes, sem pecado, e sua vida será tranquila e serena". As palavras que ele queria dizer eram "Suporte e Abstenha-se".

CLXXXIV

Em todas as ocasiões estes pensamentos devem estar à mão:

> *Guia-me, Ó Deus, e Tu, Ó Destino*
> *Seja qual for o objetivo que me foi designado,*
> *Corajosamente seguirei; e, se não quisesse,*
> *Provaria eu ser um covarde, mas ainda assim seguiria!*

Novamente:

> *Aquele que se curva corretamente à Necessidade*
> *É sábio nos caminhos de Deus.*

Mais uma vez:

> *Críto, se for esta a vontade de Deus, que assim seja. Quanto a mim, Ânito e Meletus podem de fato me condenar à morte, mas jamais poderão me machucar ou prejudicar!*

CLXXXV

Seremos então como Sócrates, quando pudermos compor hinos de louvor aos deuses na prisão.

CLXXXVI

É difícil combinar e unir essas duas qualidades: o cuidado daquele que é afetado pelas circunstâncias e a intrepidez daquele que não lhes dá atenção. Mas não é impossível, caso contrário, a felicidade também seria impossível. Devemos agir como fazemos na navegação.

"O que posso fazer?" — Escolha o capitão, a tripulação, o dia, a oportunidade. Em seguida, virá uma tempestade repentina. "O que importa para mim? Minha parte já foi cumprida. O assunto está nas mãos de outro — o capitão do navio." O navio está afundando. "O que tenho a fazer então?" Faça a única coisa que resta: morrer afogado, sem medo, sem um grito sequer, sem repreender a Deus, mas sabendo que o que nasceu também deve perecer. Pois, não sou a eternidade, sou um ser humano — uma parte do todo, como uma hora é parte do dia. Devo vir como a hora e, como a hora, devo passar!

CLXXXVII

E agora estamos enviando você a Roma para espionar a terra; mas ninguém envia um covarde como espião, que, se ouvir apenas um ruído e vir apenas uma sombra se movendo em qualquer lugar, perde o juízo e vem correndo para dizer: "O inimigo está sobre nós!"

Portanto, se você for agora e voltar dizendo: "Tudo em Roma é terrível: a Morte é terrível, o Exílio é terrível, a Difamação é terrível, a Carência é terrível; fujam, camaradas! O inimigo está sobre nós!", nós responderemos: "Vá embora e profetize para

ESCRITOS DE OURO

si mesmo! Erramos apenas ao enviar um espião como você. Diógenes, que foi enviado como espião muito antes de você, nos trouxe um relatório diferente. Ele diz que a Morte não é um mal, pois ela não precisa trazer a vergonha consigo. Ele diz que a Fama é apenas o ruído vazio dos loucos. E que relatório este espião nos trouxe sobre a Dor, o Prazer e a Carência? Que vestir um saco é melhor do que qualquer manto púrpura; que dormir no chão nu é o leito mais confortável; e como prova de cada afirmação, ele aponta para a sua própria coragem, constância e liberdade; para seu corpo saudável e musculoso. "Não há inimigo por perto", ele exclama, "tudo está em perfeita paz!"

CLXXXVIII

Se um homem tem essa paz — não a paz proclamada por César (como se ele mesmo a tivesse para proclamá-la), mas a paz proclamada por Deus através da Razão, isso será o suficiente para ele quando estiver sozinho, contemplando e refletindo: "Agora nenhum mal pode acontecer a mim; para mim não há ladrão, para mim não há terremoto; tudo está cheio de paz, cheio de tranquilidade; nem estradas, nem cidades, nem multidões de homens, nem vizinhos, nem camaradas podem me prejudicar. Um fornece a minha comida; outro as minhas vestimentas; outro me deu as percepções dos sentidos e concepções primárias. E, quando Ele não mais suprir minhas necessidades, é porque Ele está soando a minha retirada; porque abriu a porta e está dizendo: 'Venha!' — Para onde? Para nenhum lugar que você precise temer; está indo para seus amigos, para o lugar de onde você veio. Qualquer coisa que em você for fogo, voltará ao fogo; qualquer coisa que for terra, voltará à terra; o que for espírito, voltará ao espírito; o que for água, voltará à água. Não há Hades, não há rios enormes feitos de suspiros, lamentações ou lava: mas em todos os cantos há seres espirituais e divinos. Com pensamentos como esses, olhando para o Sol, Lua e Estrelas, desfrutando da terra e do mar, um homem não está indefeso nem sozinho!

CLXXXIX

O que tu gostarias de ser encontrado fazendo quando a morte te alcançar? Se eu pudesse escolher, gostaria de ser encontrado fazendo algum ato de verdadeira humanidade, de grande importância, benéfico e nobre. Mas, se não puder ser encontrado fazendo algo tão elevado, pelo menos espero por isso — o que ninguém pode impedir, e o que certamente está ao meu alcance — que eu possa ser encontrado reerguendo em mim mesmo o que havia caído: aprendendo a lidar com mais sabedoria com as questões mais sensíveis, trabalhando minha própria tranquilidade e assim prestando o que é devido a cada assunto da vida...

Se a morte me surpreender, assim atarefado, é o suficiente; que eu possa estender minhas mãos a Deus e dizer: "As habilidades que recebi de Tuas mãos para compreender tua Administração, não negligenciei. Até onde me foi possível, não Te desonrei. Olha como usei dos meus sentidos, das concepções primárias que me deste. Alguma vez te acusei de algo? Alguma vez murmurei contra o que aconteceu ou desejei que fosse diferente? Alguma vez transgredi os assuntos da vida? Porque me geraste, agradeço-te pelo que me deste: pelo tempo durante o qual usei as coisas que eram Tuas, e isso me basta. Leva-as de volta e as coloca onde quiseres! Todas elas eram Tuas, e Tu me deste". Se um homem partir assim, não é o suficiente? Que vida seria mais bela e nobre, que fim mais feliz que o dele?

APÊNDICE A
FRAGMENTOS ATRIBUÍDOS A EPITETO

I

Uma vida enredada com a Sorte é como um rio. É turbulenta e turva; difícil de se atravessar, e dominadora: ruidosa e de curta duração.

II

A alma que se associa à Virtude é como uma fonte sempre fluente. Um fluxo puro, claro e límpido; doce, forte e generoso, com sua reserva; que não prejudica, nem destrói.

III

É uma vergonha a mesma pessoa que adoça sua bebida com os presentes da abelha amargue seu dom de Deus, a Razão, com o vício.

IV

Os corvos arrancam os olhos dos mortos quando os últimos não precisam mais deles; os bajuladores corrompem a alma dos vivos e cegam seus olhos quando estes ainda precisam de tais.

V

Não guarde nenhum insulto, nenhuma soltura indisciplinada da língua.

VI

A natureza deu aos homens uma língua, mas dois ouvidos, para que possamos ouvir dos outros o dobro do que falamos.

EPITETO

VII

Não dê sentença em outro tribunal até que você mesmo tenha sido julgado no tribunal da Justiça.

VIII

É vergonhoso um juiz ser julgado por outros.

IX

Dê-me, a todo custo, a vida mais curta e mais nobre, em vez de uma que seja mais longa, porém de menor importância!

X

Liberdade é o nome da virtude; escravidão, é o nome do vício... Ninguém é um escravo se seus atos são livres.

XI

Dos prazeres, aqueles que ocorrem mais raramente são os mais encantadores.

XII

Ultrapasse a medida devida e as coisas mais deliciosas se tornarão pouco deliciosas.

XIII

A raiva de um macaco; a ameaça de um bajulador: estes merecem igual consideração.

XIV

Censura tuas paixões para que elas não se vinguem de ti.

XV

Ninguém que não for senhor de si mesmo é livre.

XVI

Um navio não deve depender de uma única âncora, nem a vida de uma única esperança.

XVII

Fortifica-te com contentamento; tal é um reduto inexpugnável.

XVIII

Nenhum homem que ama o dinheiro, o prazer ou a glória é igualmente um amante dos seres humanos; apenas aquele que ama o belo e o bom pode amar verdadeiramente.

XIX

Pensa em Deus com mais frequência do que respiras.

XX

Escolhe a vida mais nobre, pois o costume pode torná-la doce para ti.

XXI

Deixa a tua fala sobre Deus ser renovada dia após dia, mais do que a tua comida e bebida.

XXII

Assim como o Sol não espera por orações e canções para se elevar, mas brilha e é bem-vindo por todos, tu também, não esperes por aplausos, gritos ou louvores para fazer o teu dever; não, faz o bem por tua própria vontade, e serás amado como o Sol.

XXIII

Ninguém deve pensar que é amado por alguém que não ama ninguém.

EPITETO

XXIV

Se lembrares que Deus está ali para observar e revisitar tudo o que fazes, seja no corpo ou na alma, certamente não errarás em nenhuma oração ou ação; e terás Deus contigo.

Nota: A grande edição de Schweighäuser reúne 181 fragmentos atribuídos a Epiteto, dos quais apenas alguns são genuínos. Alguns (como os XXI, XXIV, acima) têm o carimbo de origem pitagórica; outros, embora tenham sido alterados em forma, podem muito bem ser baseados em ditos de Epiteto. A maioria foi preservada na *Antologia* de John of Stobi (Stobaeus), um colecionador bizantino, de quem pouco se sabe, exceto que provavelmente escreveu-o no final do século V e produziu sua vasta coleção de extratos de mais de quinhentos autores para uso de seu filho. A melhor análise da autenticidade dos Fragmentos é *Quaestiones Epicteteae*, de R. Asmus, 1888. A seleção acima inclui alguns de origem duvidosa, mas de interesse intrínseco. — Crossley

APÊNDICE B
HINO DE CLEANTES

Glória suprema dos deuses imortais, Onipotente Eterno,

Mestre do Universo, que tudo governa, que nome daremos a Ti?

Louvado sejas! Todos os mortais deveriam Te invocar.

Porque somos Tua criação; sim, objetos de movimento infinito.

Tudo que vive por um dia na Terra carrega Tua semelhança.

Portanto, minha canção é sobre Ti, e eu Te exaltarei para sempre.

Eis que o vasto globo do Mundo, sempre girando ao redor da Terra,

Sente Tua soberania e alegremente reconhece Teu domínio.

Sim, Tuas mãos conquistadoras têm um servo de fogo vivo.

A flecha dos raios é afiada! Quando cai, a Natureza estremece com o choque e treme.

Assim, Tu diriges a Palavra universal que pulsa por todas as coisas,

Misturando a vida em Luzes que são grandes e Luzes que são menores,

Como convém a seu nascimento, Rei Supremo, através das eras sem fim.

Nada é feito que não seja feito por Ti, na terra, nas águas,

Ou nas alturas dos céus; exceto a ação do tolo e do pecador.

EPITETO

Tu podes tornar as coisas ásperas suaves; com Tua voz, eis que a desordem, estridente,

Move-se como música, e o Amor nasce onde reinava o ódio.

Assim, Tu igualaste coisas boas e coisas más,

Para que sobre todas reinasse uma Razão, suprema e eterna;

Embora os corações dos ímpios se endureçam e se tornem descuidados...

Ai deles! Pois enquanto suas mãos estão agarrando as coisas que julgam como boas,

Seus olhos estão cegos, sim; e seus ouvidos estão fechados para a Lei universal de Deus,

Clamando através de sábia desobediência para viver uma vida que é nobre.

Eles não percebem, mas, ignorando o que é certo, cada um segue seu próprio caminho,

Um, com o coração inflamado de ambição, em lutas e tensões profanas;

Outro, rejeitando a honra, fixado na busca de ganhos e lucros;

Outros ainda entregues à luxúria e à brandura dissoluta,

Trabalhando nunca pela Lei de Deus, mas pelo que guerreia contra ela.

Mas, Ó Doador de todas as coisas boas, cujo lar é uma nuvem oculta,

Tu que empunhas o raio do Céu, salva os homens de sua ignorância gravosa;

ESCRITOS DE OURO

Dispersa a noite de suas almas e concede que alcancem a Sabedoria;

Que, ligado a Justiça, Tu governas e manda em todas as coisas,

Para que possamos, honrados por Ti, Te retribuir com adoração e honra,

Louvando Tuas obras para sempre, como convém aos homens, reles mortais;

Visto que nenhum, seja ele mortal ou Deus, tem um privilégio mais nobre

Do que, sem restrições, sem demora, poder exaltar Tua Lei universal.

**ENCONTRE MAIS
LIVROS COMO ESTE**

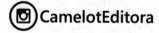